Je couds
la mode utilitaire

Je couds la mode utilitaire

10 MODÈLES TENDANCE

Éditions **marie claire**

Sommaire

Introduction

Matériel

Coudre un vêtement soi-même ne signifie pas nécessairement avoir besoin d'énormément d'outils ou de machines différentes : un point zigzag peut facilement remplacer la surjeteuse pour coudre des tissus en jersey ou extensibles, et une aiguille double remplace aussi facilement la recouvreuse pour les surpiqûres!

Pour pouvoir confectionner le vêtement de votre choix, il vous suffit :

- d'une machine à coudre;
- d'une aiguille qui correspond à votre tissu;
- d'une paire de ciseaux pour tissu et d'une pour papier;
- d'une craie ou d'un stylo thermo-effaçable;
- d'une règle ou d'une équerre;
- d'un fer à repasser.

Avec ce matériel de base, vous pourrez réaliser vos vêtements comme une pro et ensuite investir en fonction de vos besoins et envies dans plus de matériel.

Choix de la taille

Pour choisir la taille qui vous correspond le mieux, consultez le tableau des tailles : chaque modèle de ce livre en propose un.

Pour les vêtements du haut du corps (top, bomber), la mesure la plus importante est celle du tour de poitrine. Pour les vêtements du bas du corps (jupe, pantalon), la mesure de base est celle du tour de hanches.

Si vous vous trouvez entre deux tailles, réalisez la taille qui se rapproche le plus de la vôtre et qui correspond à l'aisance que vous souhaitez : la taille au-dessus pour une aisance positive, celle en dessous pour une aisance négative. Les vêtements de ce livre sont réalisés dans des tissus assez rigides.

Choix du tissu

Pour chaque type de vêtement, je propose une série de tissus qui, à mon sens, iront le mieux pour le modèle. Il arrive que des tissus que je ne cite pas conviennent parfaitement, et c'est normal, je ne peux pas répertorier tous les tissus existants du marché! Mais au moins, vous avez une base sûre pour vous repérer.

Chaque tissu a des propriétés différentes : quand vous achetez le vôtre, prévoyez 5 à 10% en plus, car il peut rétrécir au lavage.

Coupe du tissu

En règle générale, les pièces du patron sont coupées sur l'envers du tissu, c'est-à-dire que si le tissu est plié, on place l'endroit à l'intérieur. Cela est fait pour ne pas salir le tissu avec les différents marquages à la craie ou autre.

Les pièces de patron symétriques peuvent être coupées sur l'endroit comme sur l'envers, cela n'a pas d'importance. En revanche, les pièces asymétriques sont coupées soit sur l'endroit soit sur l'envers. Cette information est indiquée sur le patron concerné ou dans les explications qui accompagnent le patron.

Conseils préparatoires

1. Prévoyez de faire une toile avec un tissu peu cher et similaire au tissu définitif. Elle vous permettra de vérifier le tombé du vêtement ainsi que de faire les ajustements nécessaires.

2. Commencez par décatir le tissu. Cela consiste à repasser le tissu avec de la vapeur, afin de prévenir tout rétrécissement. Comme le vêtement que vous allez travailler est une pièce unique, il vous est possible de le laver, cette manipulation va prévenir tout dégorgement de couleur, sa déformation ou son rétrécissement. Faites un repassage final avant de passer à la coupe.

3. Décalquez chaque partie de votre patron, coupez les pièces et placez-les sur le tissu. Épinglez, puis tracez au savon ou à la craie les différents crans de montage ou les repères correspondants. Les plans de coupe ne tiennent pas compte des motifs ou du sens des poils du tissu. Veuillez respecter le DF (droit-fil), indiqué sur chaque partie du patron, pour avoir un tombé du vêtement correct. Découpez.

4. Pour un résultat optimal, repassez après chaque opération.

Symboles et vocabulaire

-O-	endroit du tissu
O-O	envers du tissu
fàg	fermeture à glissière
	repasser au fer
VC	valeurs de couture
DF	droit-fil
	froncer

Lenaline Patterns

Née et ayant grandi en Ukraine, j'ai étudié à Kiev, puis ai déménagé en Belgique en 2003. Depuis toujours passionnée par la décoration, la mode, le design, l'art en général, avec un diplôme d'architecte en poche et des années d'expérience dans le métier, je me suis aperçue qu'il manquait quelque chose d'utile à ma vie, d'où de nouvelles études de patronage, modélisme et couture. Et cette fois, ça y est! J'élabore mes propres vêtements, ceux de mes amies et de mes enfants.

J'adore le modélisme, plus que la couture d'ailleurs, je dessine, je sculpte en papier, je découpe, je corrige, j'adapte! Je peux interpréter tout ce que je veux à ma manière, c'est tellement universel! Allonger, raccourcir, élargir comme je le souhaite et non pas comme les magasins me l'imposent! De là m'est venue l'idée de fonder ma marque de patrons de couture en 2019, j'avais envie de partager mon travail avec les autres.

Je crée des modèles épurés, universels, confortables, interchangeables, en réfléchissant à un mode de vie plus durable, moins rapide et plus responsable. Mes créations s'adressent aux femmes qui aiment un style plutôt sobre mais avec un peu de folie de temps en temps. Les femmes créatives, dynamiques, drôles, celles qui aiment bouger, rêver, faire plaisir et se faire plaisir.

De l'esquisse au vêtement fini, en passant par la toile, la création d'un prototype, la gradation, la mise en page ainsi que la traduction (chaque patron est créé en deux langues, français et anglais, aucune de ces langues n'étant ma langue maternelle), je fais toutes ces étapes seule. Mon inspiration vient de partout : de l'architecture pour les lignes et les formes, de la nature pour les couleurs et les textures, de mes envies tout simplement, je mélange le tout dans mon imaginaire et les images se dessinent...

Retrouvez-moi sur mon site Internet : https://lenaline.com ou mes réseaux sociaux : lenaline-patterns sur Intagram et Facebook. J'ai hâte de voir vos réalisations!

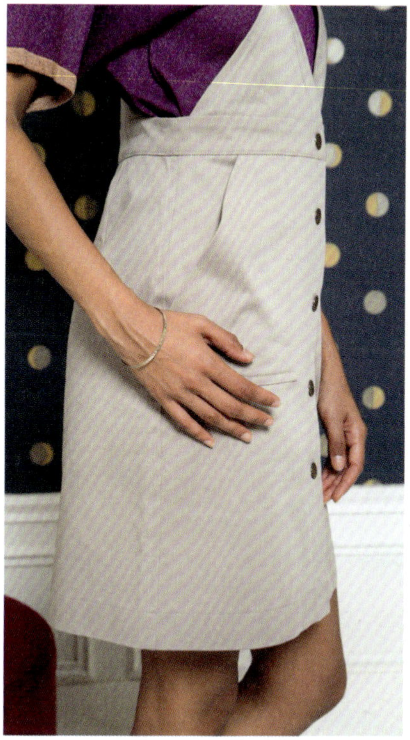

Patron **planche** B1

Le chemisier Misha

Chemisier ample avec ligne d'épaule abaissée et col de chemise. Les manches longues se terminent par des poignets larges avec des pattes de boutonnage. Les poignets peuvent être rabaissés ou repliés vers le haut. Pour accentuer l'ampleur du chemisier, les manches ont des plis au niveau de la tête de manche mais également près du poignet. Le chemisier a un empiècement dans le dos avec un pli d'aisance ainsi qu'une poche plaquée sur le devant gauche. Il se boutonne sur le devant avec une patte invisible. Portez ce chemisier avec un jean, un slim ou une jupe crayon, il fera partie de vos vêtements préférés.

Difficulté : 3/5

Tailles : 34-56

Fournitures

- Pour un tissu en laize de 140cm

	Tailles
Stature	34-44
154-160cm	215cm
162-168cm	230cm
170-176cm	235cm
178-184cm	235cm

- Thermocollant : 70cm de long, en laize de 90cm (Vlieseline H180)
- 10 boutons de 12mm de diamètre
- Fils à coudre et à surjeter

Quelle matière choisir ?

Coton, popeline de coton, twill de coton, lin, tencel, denim, sergé de coton, chino, flanelle. Je vous conseille de choisir un tissu avec de la tenue pour avoir du volume.

Guides des tailles

Taille	34	36	38	40	42	44
Tour de poitrine	80	84	88	92	96	100
Tour de taille	60	64	68	72	76	80
Tour de hanches	88	92	96	100	104	108

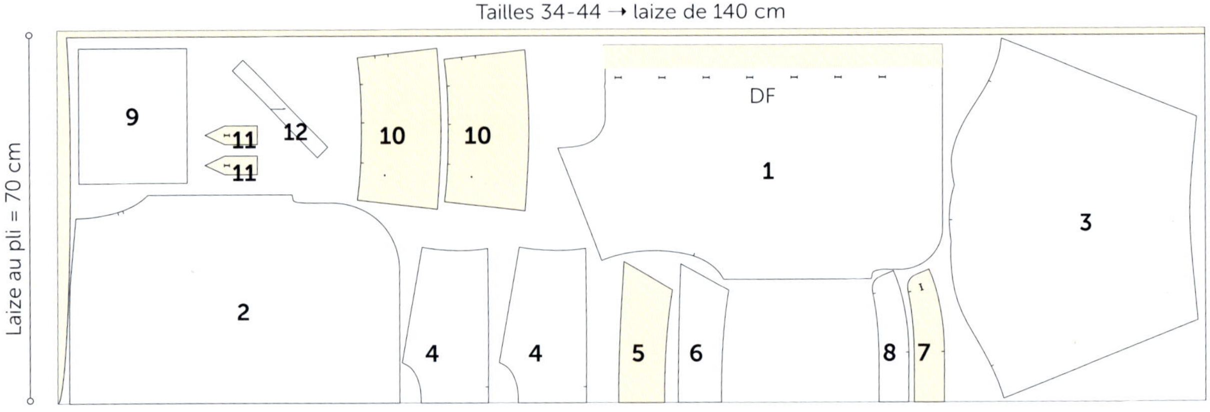

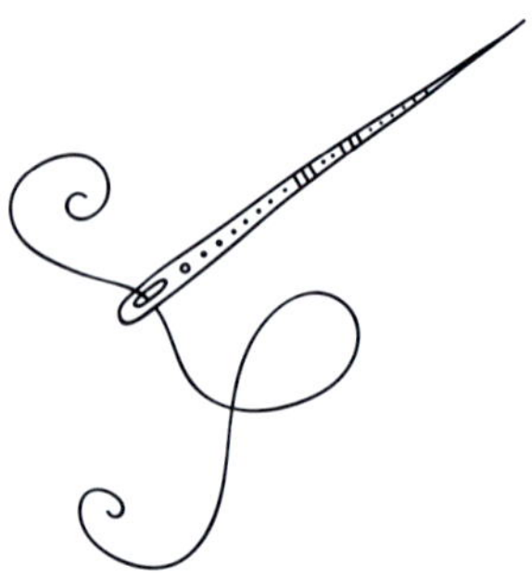

Plan de coupe

Les valeurs de couture sont comprises.

1. Devant x 2
2. Dos x 1 au pli
3. Manche x 2
4. Empiècement dos x 2 au pli
5. Col haut x 1 au pli
6. Col bas x 1 au pli
7. Pied de col haut x 1 au pli
8. Pied de col bas x 1 au pli
9. Poche x 1
10. Poignet x 4
11. Patte x 4
12. Biais de fente x 2

Réalisation

Découper toutes les pièces du patron, faire les crans et marquer tous les repères.

Recouper le devant gauche sur la ligne indiquée sur le patron (le devant gauche doit être plus étroit que le devant droit).

Thermocoller les pièces suivantes (ces pièces sont également représentées en beige sur le plan de coupe) :

- L'envers de la patte de boutonnage sur les devants
- **5.** Col haut (1 pièce)
- **7.** Pied de col haut (1 pièce)
- **10.** Poignets (4 pièces)
- **11.** Pattes (4 pièces) : faufiler les lignes de pli de la patte de boutonnage sur les devants

1. Devant gauche

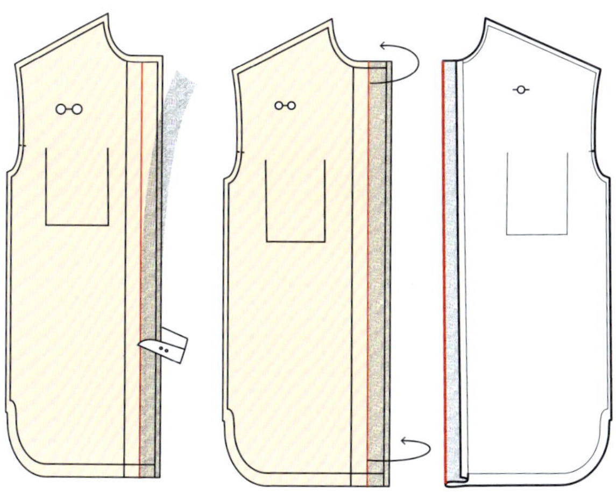

Plier à 1cm du bord la patte de boutonnage endroit à l'extérieur et marquer au fer à repasser. Plier ensuite le bord central de la patte de boutonnage en suivant le repère, endroit à l'intérieur, fixer le pli au fer à repasser. Surjeter l'ourlet du devant, le plier vers l'envers à 1cm.

Épingler, puis piquer le bas de la patte à 1cm du bord. Couper le coin à 0,3cm de la couture et retourner sur l'endroit.

Épingler et piquer l'ourlet, en mettant le coin réalisé précédemment à l'intérieur (voir schéma). Piquer la patte de haut en bas pour la fixer.

2. Devant droit

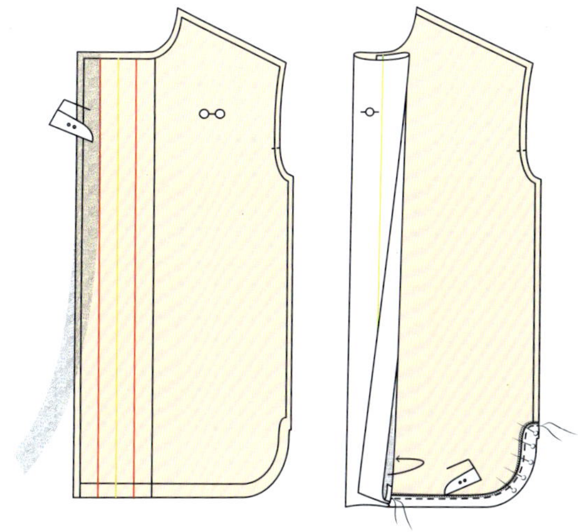

Surjeter l'ourlet du devant.

Plier le bord de la patte de boutonnage sur la première ligne de pli, endroit contre endroit. Épingler et piquer le bas de la patte. Arrêter la piqûre sur la ligne sans déborder.

Plier la seconde partie de la patte de boutonnage sur la ligne de pli, endroit contre endroit.

Retourner la partie libre du devant, épingler et piquer la patte qui vient d'être formée (voir schéma).

Couper le coin comme sur le schéma, retourner les coins de la patte sur l'endroit.

Plier le bord vers l'envers pour former un ourlet de 1cm, épingler, puis piquer en mettant le bord du devant dedans.

3. Patte de boutonnage

Positionner les deux parties de la patte de boutonnage comme sur le schéma. Faufiler, puis piquer le milieu dans le sens de la longueur de la patte. De cette façon, le bord sera fixé à l'intérieur. Faire les boutonnières sur le côté intérieur de la patte du devant droit.

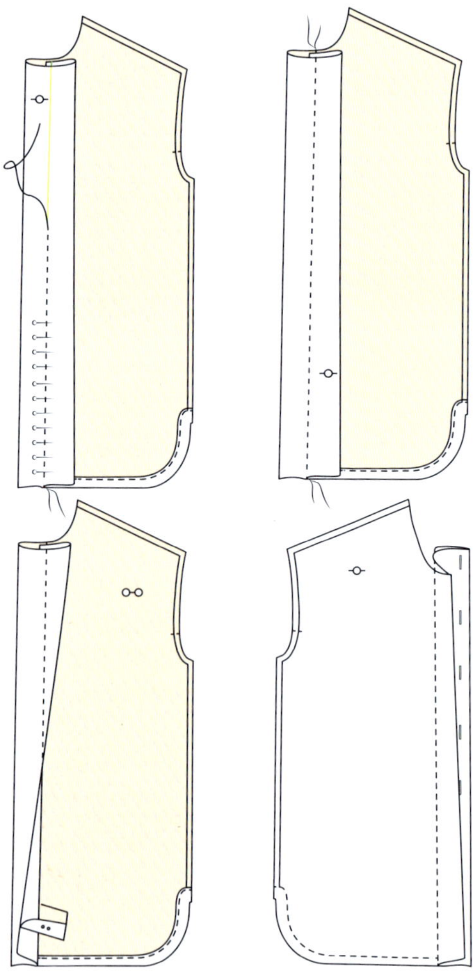

4. Poche

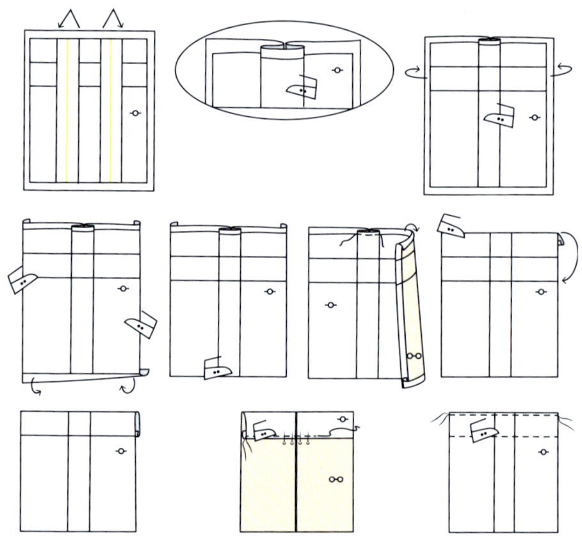

Former le pli central de la poche. Piquer à 0,7cm du bord pour maintenir le pli en place. Plier le bas de la poche à 1cm vers l'envers, repasser pour fixer le pli. Plier les côtés de la poche à 1cm du bord vers l'envers, repasser.

Plier le haut à 1cm puis sur la ligne de pli, épingler, puis piquer.

Faire une surpiqûre sur le bord supérieur de la poche à 0,2cm du bord.

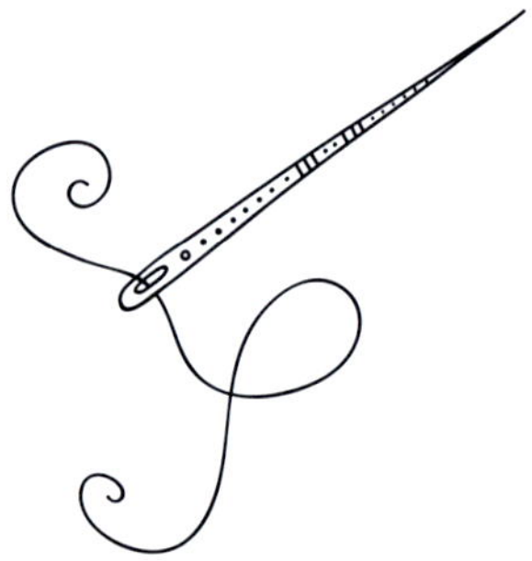

5. Poche et devant gauche

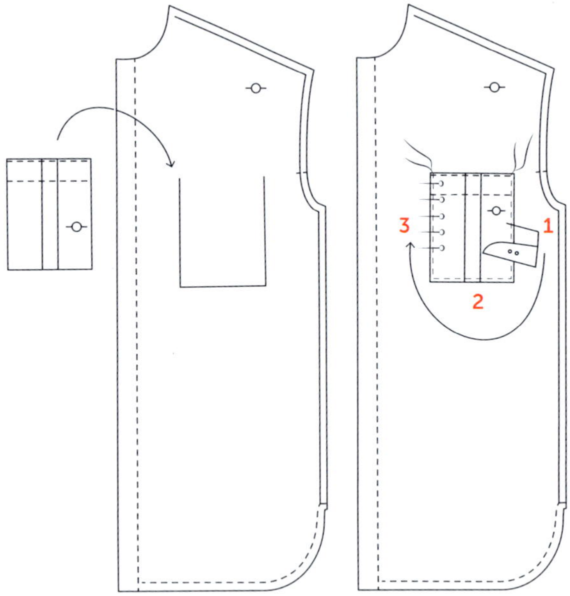

Épingler la poche sur le devant gauche à l'emplacement indiqué sur le patron. Faufiler, puis piquer sur trois côtés à 0,2cm du bord de la poche.

6. Dos

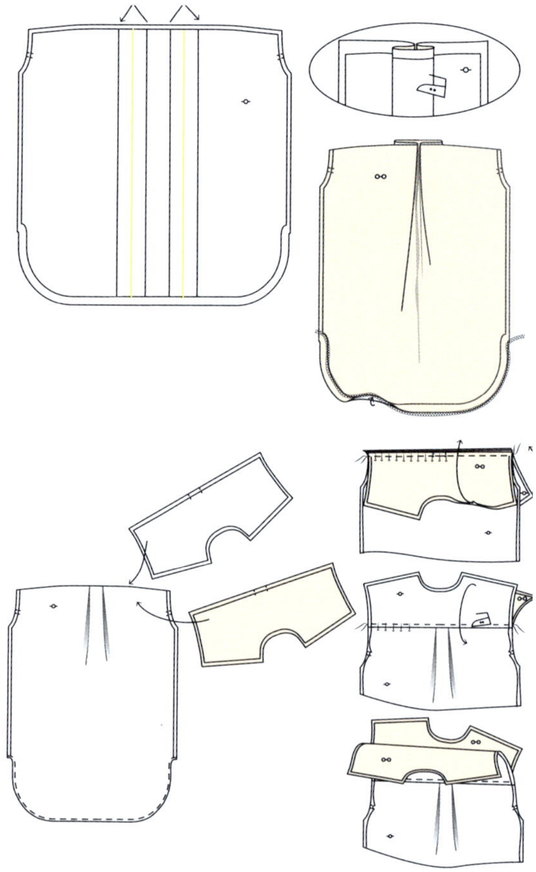

Former le pli central dans le dos. Épingler, puis piquer à 0,7cm du bord. Surjeter l'ourlet du dos. Plier 1cm d'ourlet vers l'envers, épingler, puis piquer.

Épingler le dos et les deux parties d'empiècement comme suit : mettre l'endroit d'un empiècement contre l'envers du dos, et l'endroit du second empiècement contre l'endroit du dos. Piquer l'ensemble à 1cm du bord.

Rabattre les deux parties d'empiècement vers le haut et surpiquer à 0,5cm de la couture.

7. Coutures épaules

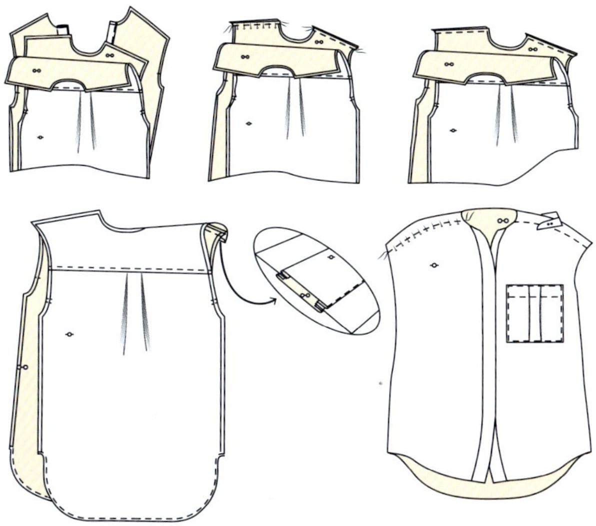

Positionner les deux parties des devants envers vers soi. Poser le dos par-dessus, avec l'endroit vers soi. Épingler et piquer à 0,7cm du bord la couture épaule du devant et de l'empiècement le plus proche. Emballer la couture d'épaule du devant par l'empiècement supérieur du dos et piquer les 3 couches de tissu ensemble à 1cm du bord. De cette façon, toutes les VC seront à l'intérieur du vêtement.

Retourner le vêtement sur l'endroit, repasser la couture d'épaule.

Faire une surpiqûre sur l'endroit de l'empiècement à 0,5cm de la couture.

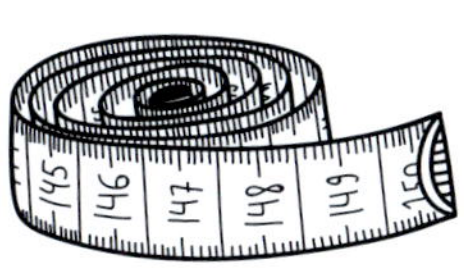

8. Coutures côtés

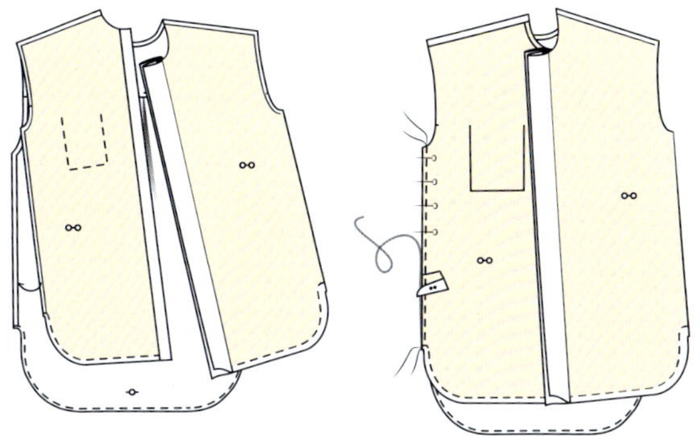

Poser les côtés du dos et du devant, endroit contre endroit. Épingler, puis piquer. Surjeter les VC ensemble. Repasser les VC vers le dos. Fixer le bas des coutures côtés avec quelques points d'arrêt à la machine.

9. Col

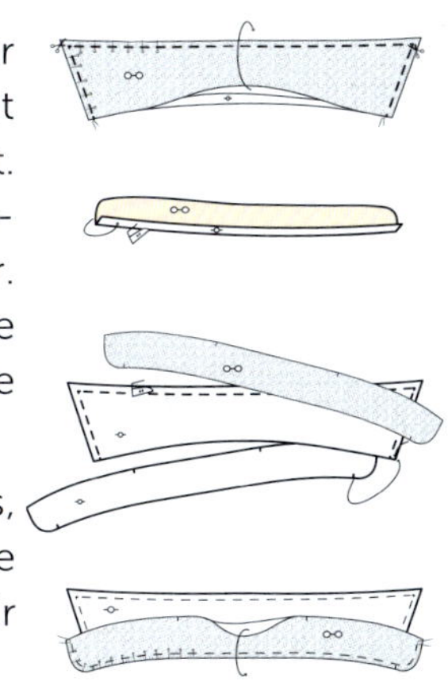

Épingler, puis piquer sur 3 côtés les cols haut et bas, endroit contre endroit. Couper les angles. Retourner sur l'endroit, repasser. Vous pouvez faire à cette étape une surpiqûre sur le pourtour du col.

Sur le pied de col bas, plier les VC et marquer le pli au fer à repasser (voir schéma).

Placer le bord non cousu du col entre les deux parties du pied de col, endroit contre endroit.

Attention, la partie thermocollée du col doit correspondre à la partie thermocollée du pied de col. Épingler, puis piquer l'ensemble. Couper le surplus de VC dans les arrondis à 0,3cm de la couture. Retourner sur l'endroit, repasser.

10. Col et vêtement

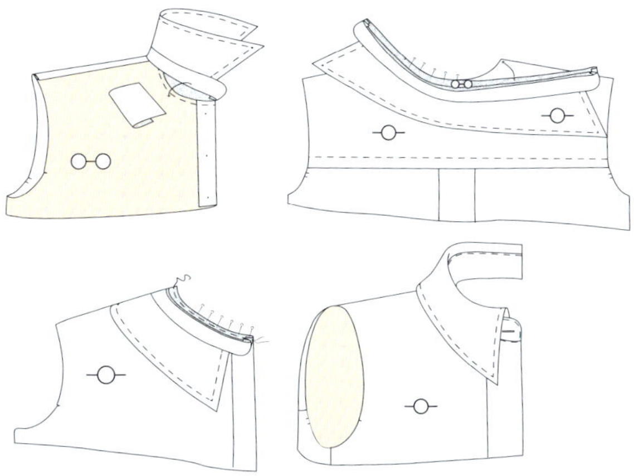

Épingler l'endroit du pied de col haut contre l'endroit de l'encolure, piquer. Replier le pied de col vers le haut et repasser les VC vers le pied de col.

Épingler le pied de col bas et l'encolure ensemble. Faufiler, puis piquer. Commencer et terminer la piqûre avec des points d'arrêt au milieu du pied de col : de cette façon, vous n'aurez pas de points d'arrêt sur le devant du pied de col.

Faire une boutonnière sur le pied de col.

11. Fente de manche

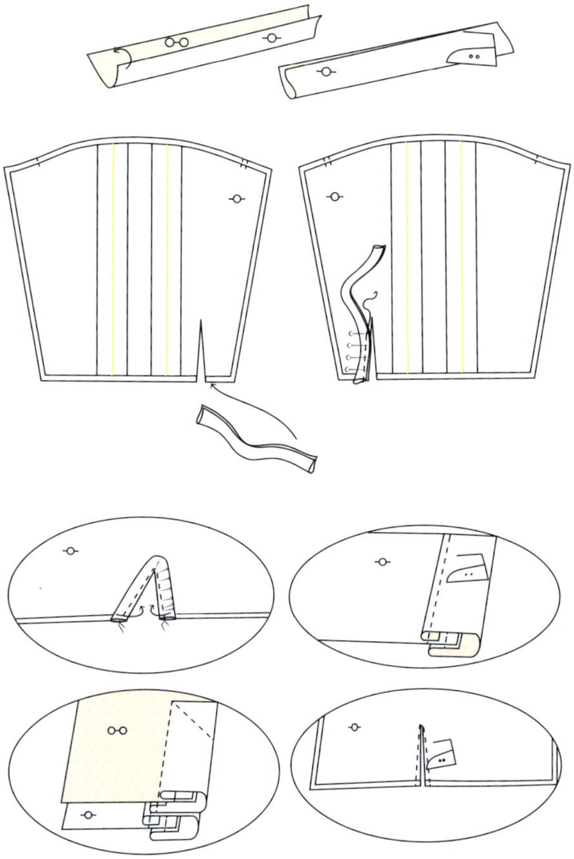

Couper les fentes de manche à l'endroit indiqué sur le patron.

Plier le biais de fente en deux dans le sens de la longueur, endroit à l'extérieur. Repasser pour marquer le pli.

Épingler le biais sur l'endroit de la fente en alignant les bords, faufiler, puis piquer à 0,5cm du bord. Retourner le biais sur l'envers de la manche, faufiler le biais en recouvrant les VC. Piquer.

12. Plis sur les manches

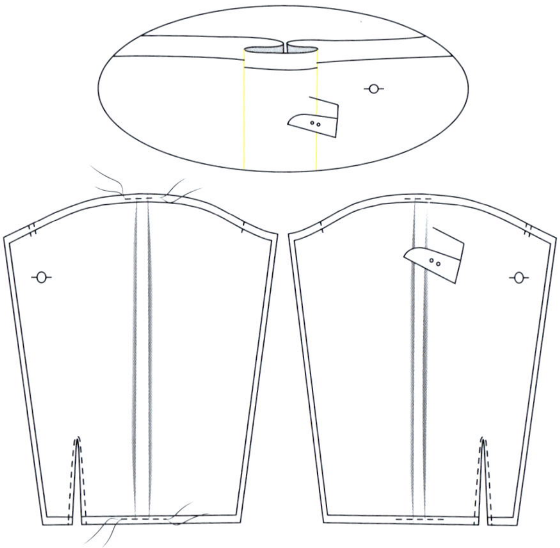

Former les plis sur la tête et le bas de chaque manche. Épingler, puis piquer à 0,7cm du bord pour maintenir les plis.

13. Pattes

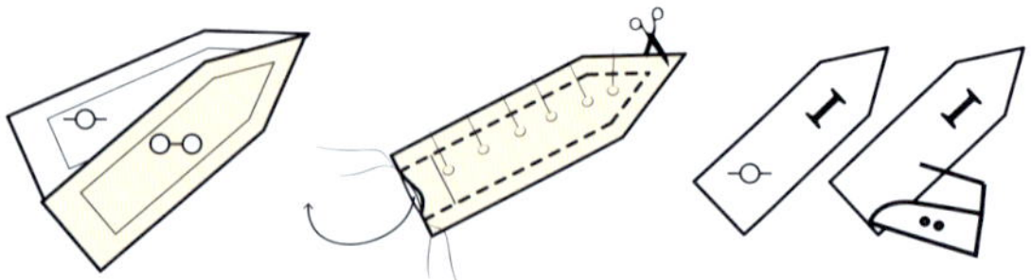

Épingler les deux parties de patte ensemble, endroit contre endroit. Piquer sur trois côtés à 0,5cm du bord. Couper la pointe. Retourner la patte sur l'endroit, repasser. Faire la boutonnière.

Faire la même chose avec la seconde patte.

14. Manches et poignets

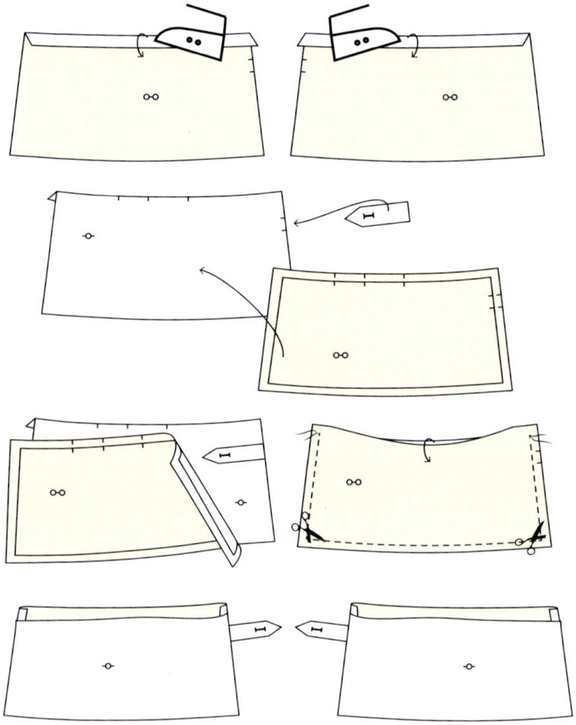

Plier 1cm sur le côté long du poignet (celui qui sera cousu à la manche) vers l'envers et marquer le pli au fer à repasser. Faire la même chose avec le second poignet.

Épingler les deux parties du poignet endroit contre endroit. Entre ces deux parties, insérer la patte avec la boutonnière déjà réalisée à l'endroit indiqué sur le patron. Piquer l'ensemble, couper les coins et retourner sur l'endroit.

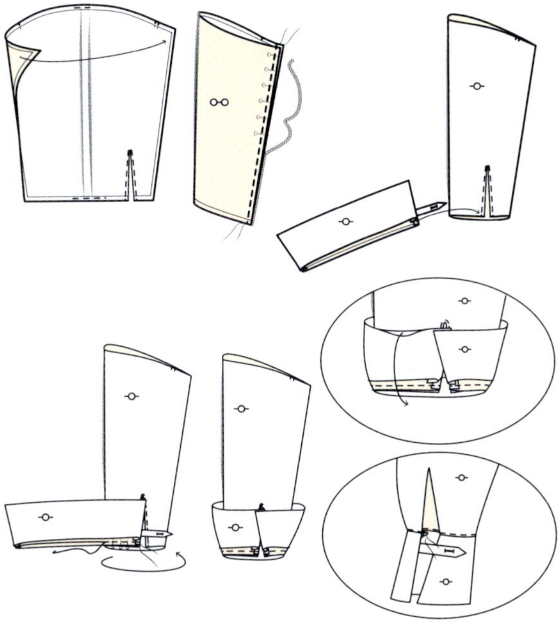

Plier la manche dans le sens de la longueur, endroit contre endroit. Épingler, puis piquer et surjeter les coutures ensemble. Repasser les coutures vers le dos.

Épingler le poignet et la manche ensemble (sur le schéma, c'est la manche gauche qui est représentée) : pour cela, mettre l'endroit du poignet, partie non repliée, sur l'endroit de la manche. Faufiler et piquer. Rabattre vers le bas et repasser les VC vers le poignet.

Faufiler le poignet avec l'envers de la manche, piquer sur l'endroit, dans la couture faite précédemment entre la manche et le poignet, ou alors sur le poignet à 0,2cm de la couture.

15. Manches et vêtement

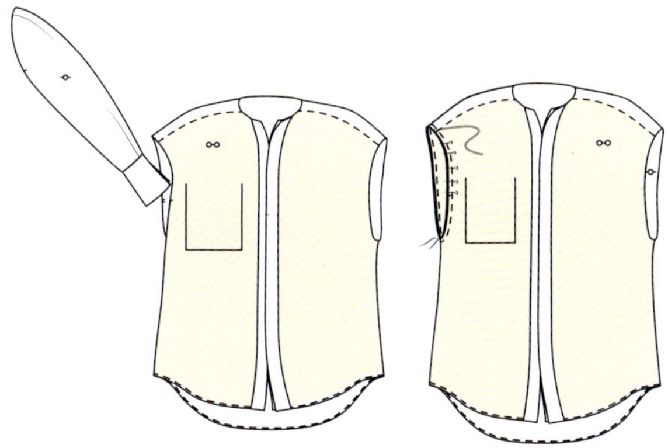

Mettre la manche dans l'emmanchure, endroit contre endroit. Épingler en respectant les repères. Faufiler, puis piquer. Surjeter les coutures ensemble. Repasser.

16. Boutons

Coudre les boutons sur la patte de boutonnage gauche et les poignets. Faire des points d'arrêt de 1cm entre les boutonnières.

Pour finir, repasser le vêtement.

Patron **planche** B1

La jupe Antonina

Jupe évasée avec un devant parementé. Cette variante de jupe présente l'avantage d'avoir un parement sans l'inconvénient de s'ouvrir pendant la marche.

Difficulté : 2/5

Tailles : 34-42

Techniques

- Piqûre cheveux : piqûre réalisée très près du bord (à 1mm)
- Points mèches : faire des nœuds en laissant un bout de fil attaché au nœud. Généralement utilisés pour marquer les points de repère.

Fournitures

- Pour un tissu en laize de 140cm

Tailles	34-42
Métrage	130cm

- Matériel de base
- Fermeture à glissière de 20cm (visible ou invisible au choix)
- 1 bouton de 2cm de diamètre
- Fils : coton ou polyester
- Ruban de droit-fil pour placer la fermeture à glissière
- Thermocollant : 40cm de long, en laize de 50cm

Quelle matière choisir ?

Tissu d'épaisseur moyenne à épaisse, avec de la tenue, denim, gabardine, jacquard, velours, suédine, tweed...
Pour le modèle présenté, nous avons utilisé une étoffe de jacquard.

Guide des tailles

Taille	34	36	38	40	42
Tour de taille	66	69	72	76	80
Tour de hanches	91	94	97	101	105

130 cm de longueur, en 140 cm de laize
Pli du tissu

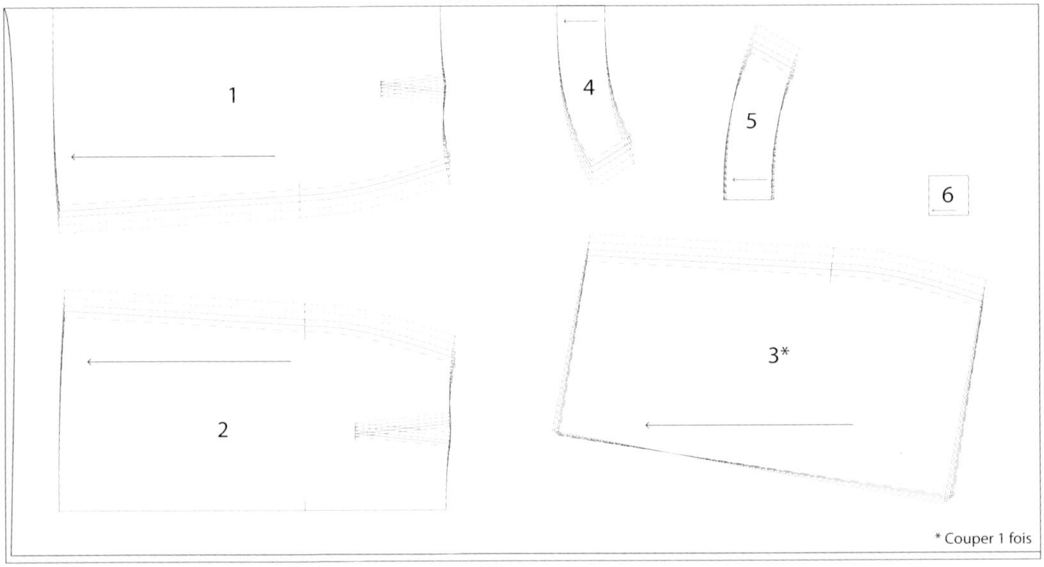

Plan de coupe

Les valeurs de couture sont à ajouter au patron. Elles sont de 1cm pour toutes les coutures sauf le milieu dos (1,5cm), les ourlets (3cm) et le bord du parement (3cm comme les ourlets).

1. Devant x 1 au pli
2. Dos x 2
3. Parement devant x 1
4. Enforme devant x 1 au pli
5. Enforme dos x 2
6. Fermeture à glissière x 1

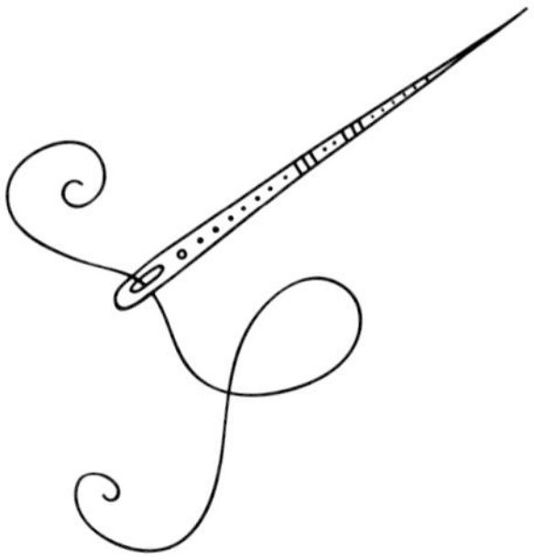

Réalisation

Découper toutes les pièces en rajoutant les VC sur le tissu.

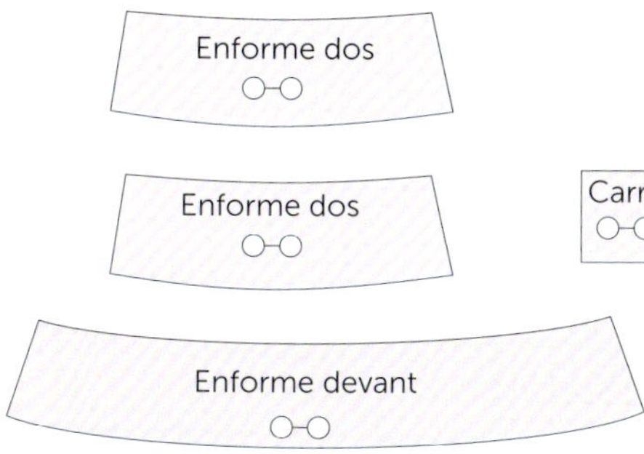

Thermocoller les pièces suivantes :

- Enforme devant
- Enformes dos
- Carré pour fàg

Faire des crans de quelques millimètres aux endroits indiqués sur le patron comme repères.

Poser les points mèches aux emplacements prévus pour les boutons et les pinces.

1. Pinces

Épingler et piquer les pinces du devant et du dos. Les coucher vers les milieux dos et devant. Repasser.

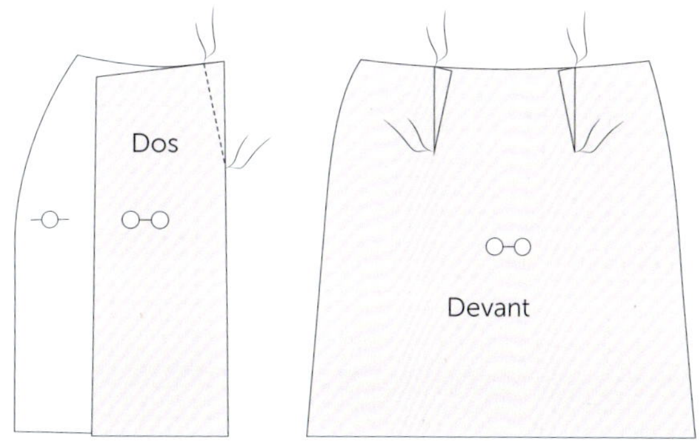

2. Surfilage

Surfiler ou coudre au point zigzag le côté gauche du devant de la jupe. (Les côtés droit ou gauche sont à considérer quand le vêtement est porté.)

Surfiler ou coudre au point zigzag toutes les VC du parement sauf les VC côté.

Surfiler ou coudre au point zigzag le carré pour la fàg seulement sur un côté (haut ou bas du DF).

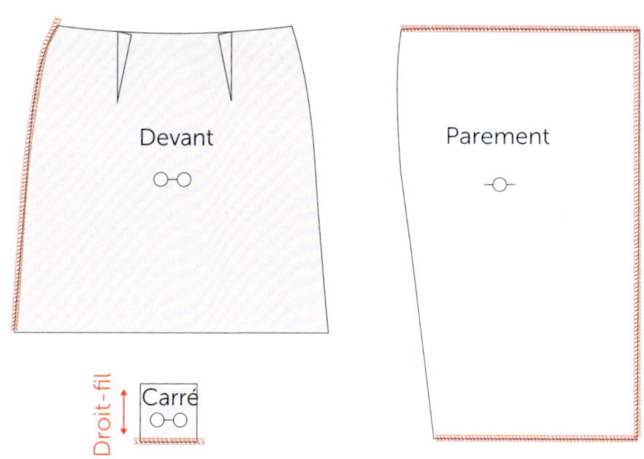

3. Parement

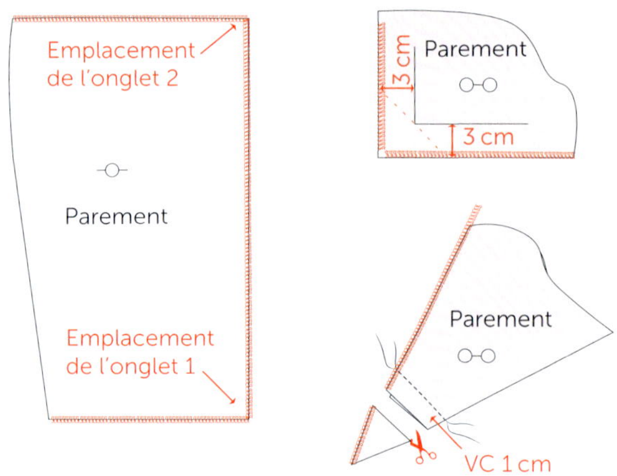

Tracer et piquer l'onglet sur le parement. Pour cela, tracer sur l'envers du parement, dans l'angle inférieur, un angle de 45° par rapport à l'intersection des VC.

Plier sur cette oblique en symétrie, endroit à l'intérieur, épingler, puis piquer sur la ligne. Couper le surplus de matière en laissant 1cm de VC. Repasser. Retourner sur l'endroit.

Faire un second onglet sur le coin supérieur du parement de la même façon que le premier.

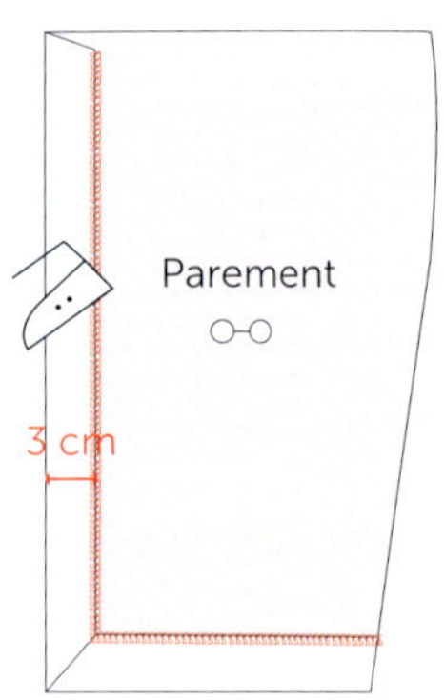

Plier l'ourlet de 3cm sur l'envers du parement. Préformer l'ourlet au fer à repasser.

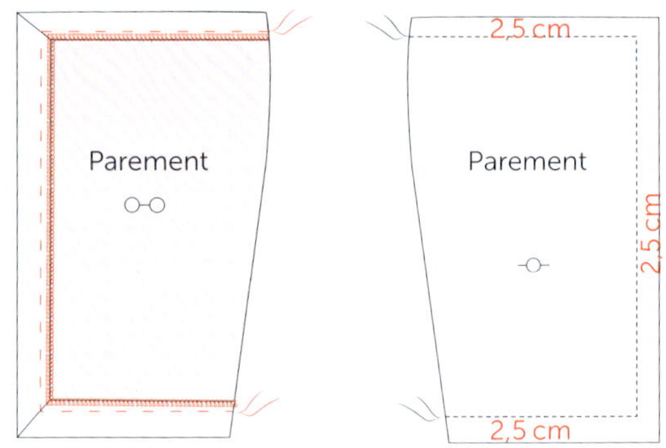

Faufiler l'ensemble des VC du parement. Surpiquer les VC du parement sur l'endroit à 2,5cm des bords. Repasser.

4. Parement et devant

Poser l'endroit du devant contre l'envers du parement. Pour bien positionner les deux parties, aligner les repères situés sur la couture côté du parement et du devant.

Épingler, puis piquer les coutures côtés du devant et du parement ensemble avec une piqûre d'attente à 0,7cm du bord.

Surfiler ou coudre au point zigzag les deux parties de la jupe ensemble (parement et devant). Repasser.

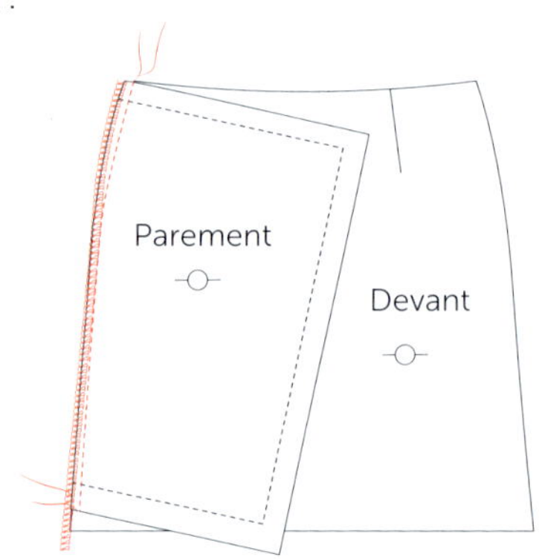

5. Fermeture à glissière

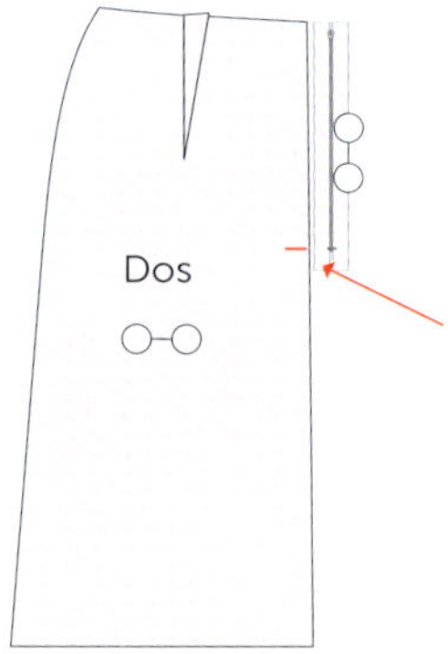

Poser une fàg. Pour cela, marquer au savon (ou avec un stylo thermo-effaçable) la longueur de la fàg sur l'envers des deux parties du dos.

Thermocoller sur l'envers du dos les rubans de droit-fil en laissant 1cm du bord milieu dos.

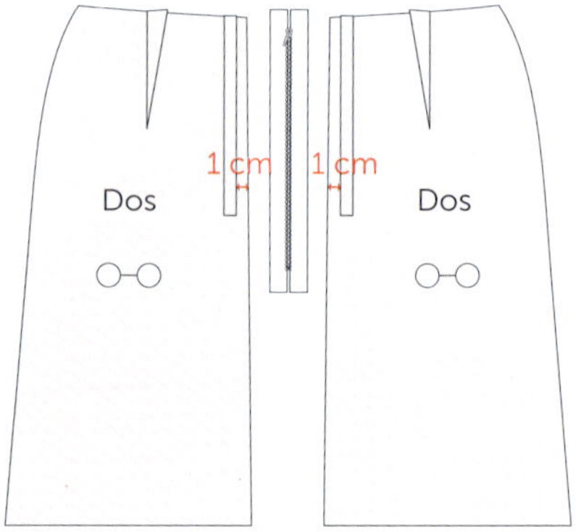

Poser l'endroit du milieu dos contre l'endroit de l'autre partie du milieu dos. Épingler, puis piquer à 1,5cm du bord, couture milieu dos jusqu'au repère de la fàg. Faufiler l'emplacement de la fàg.

Tracer un repère à 0,3cm vers le bas sur la couture milieu dos. Tracer un point à 0,5cm de la couture milieu dos. Tracer une ligne de 4cm vers le haut de la jupe sur les deux parties du dos de la jupe. Repasser couture ouverte.

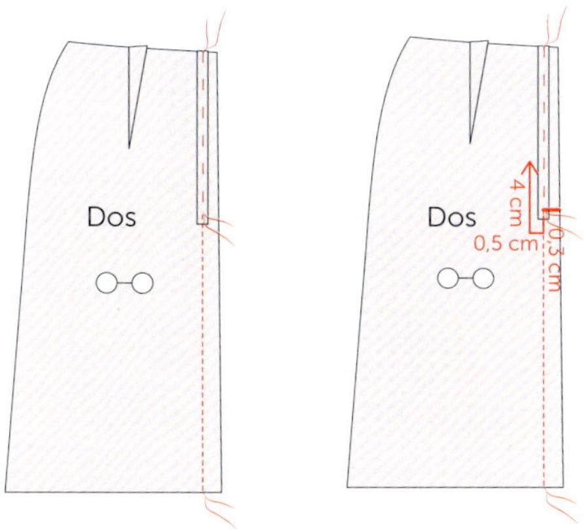

Reporter le point de l'envers sur l'endroit grâce à une épingle. Marquer 1cm vers le bas de la jupe.

Positionner le bas du carré 5 x 5cm endroit contre endroit du dos sur le repère qui vient d'être marqué. Épingler comme sur le schéma.

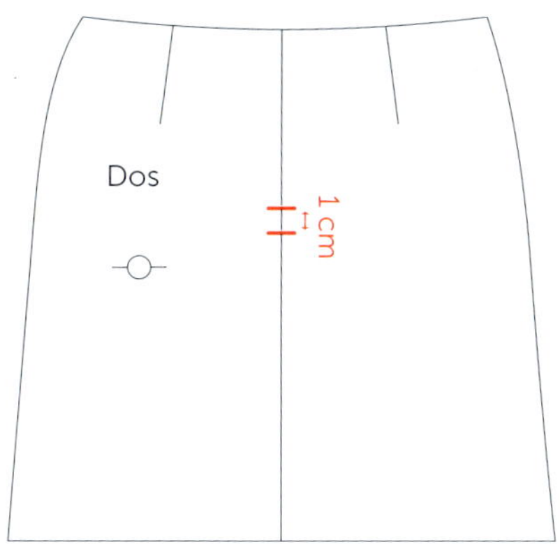

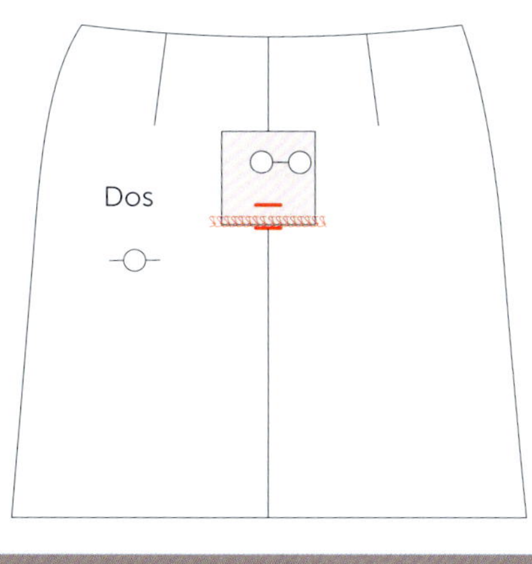

Rabattre les VC, piquer sur les lignes marquées de 4cm tracées précédemment. D'abord sur un côté, puis sur l'autre en arrêtant la piqûre dans la couture milieu dos.

Vous devez avoir le même résultat que sur le schéma.

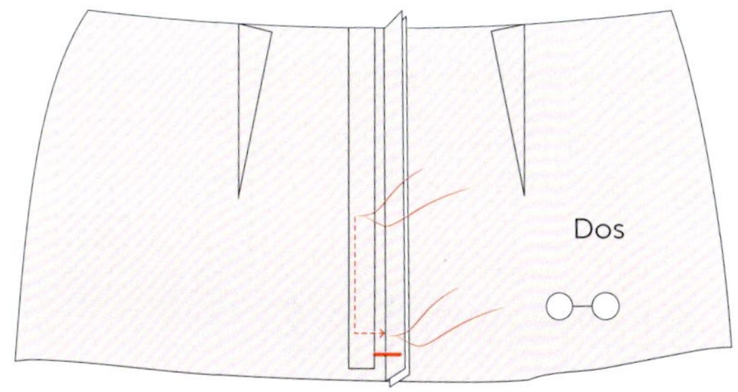

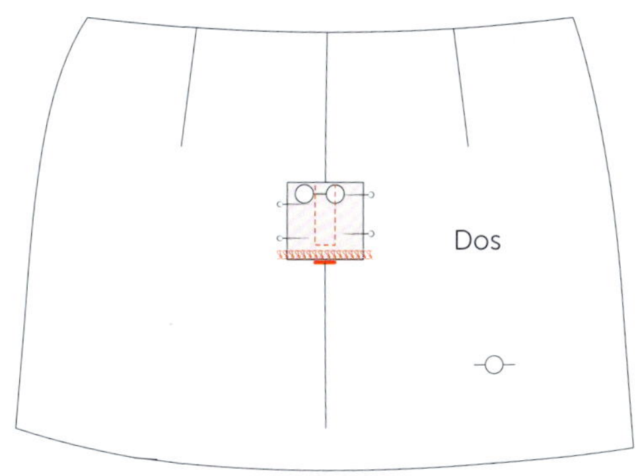

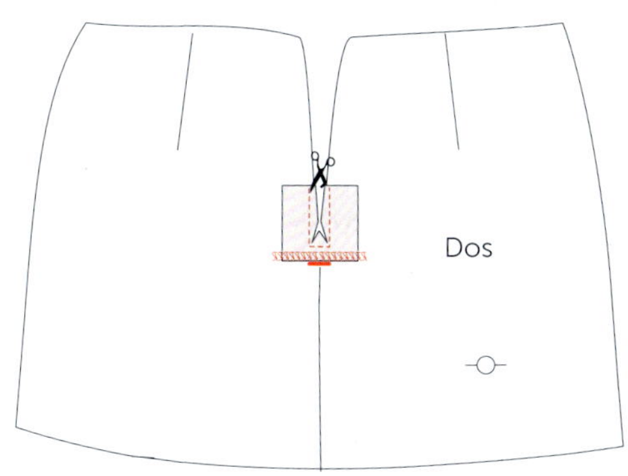

Couper comme sur le schéma en laissant 0,1cm non coupé près de la couture.

Retourner le carré sur l'envers. Aplatir les VC au fer à repasser.

Surfiler ou coudre au point zigzag les VC du milieu dos. Dans la partie prévue pour la fàg, les VC doivent être plus larges que dans la partie basse de la couture milieu dos. Repasser.

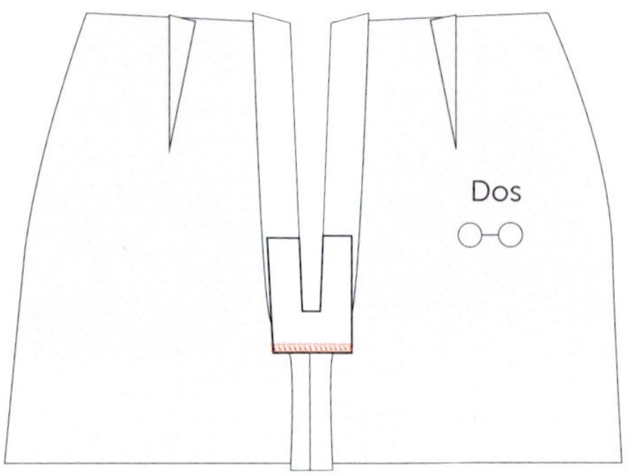

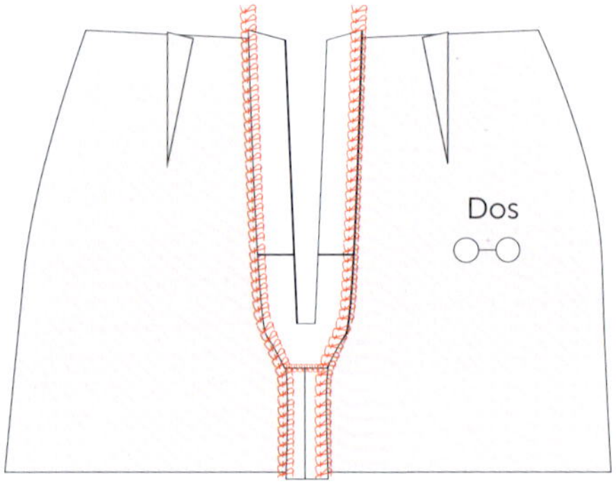

Épingler la fàg à l'endroit prévu.

Faufiler, puis surpiquer sur l'endroit le pourtour de la fàg à 0,1-0,2cm du bord. C'est une opération délicate, il faut aller doucement pour avoir une couture bien régulière. Repasser.

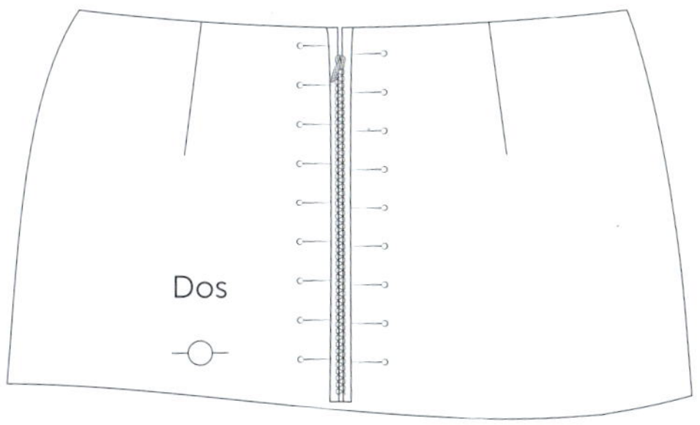

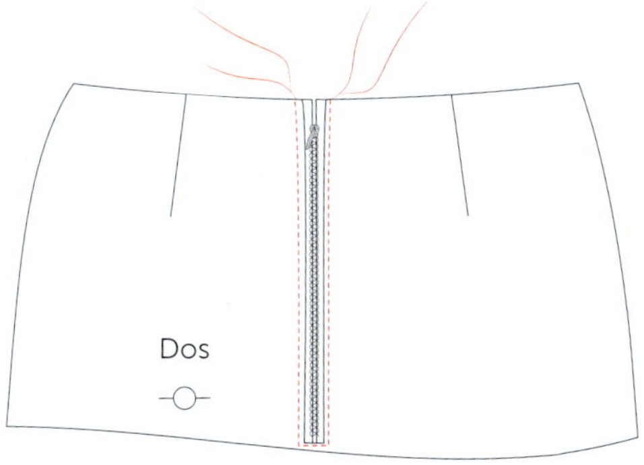

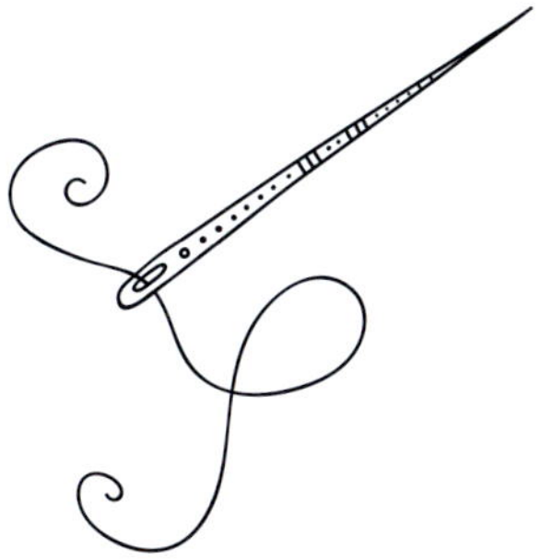

6. Dos et devant

Surfiler ou coudre au point zigzag les coutures côtés du dos. Poser l'endroit du dos contre l'endroit du devant avec le parement. Épingler, puis piquer les coutures côtés de la jupe à 1cm du bord.

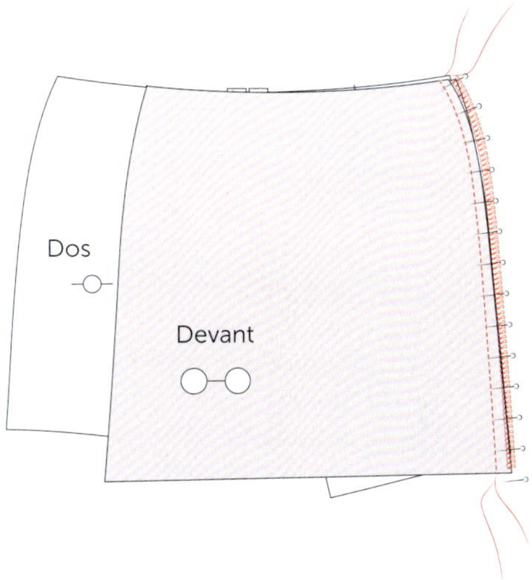

7. Enformes

Poser les dos de l'enforme sur le devant de l'enforme, endroit contre endroit. Épingler, puis piquer les coutures côtés à 1cm du bord. Repasser d'abord coutures fermées, puis coutures ouvertes.

Surfiler ou coudre au point zigzag le bord inférieur de l'enforme. Repasser.

8. Enforme et vêtement

Épingler l'enforme au vêtement endroit contre endroit. Faire correspondre les coutures côtés de l'enforme avec les coutures côtés du vêtement. Au niveau de la fàg, l'ouvrir, retourner et épingler comme sur le schéma. Tracer les coins de part et d'autre pour marquer les VC à 1cm au niveau de la taille et 1,5cm au niveau de la fàg. Piquer.

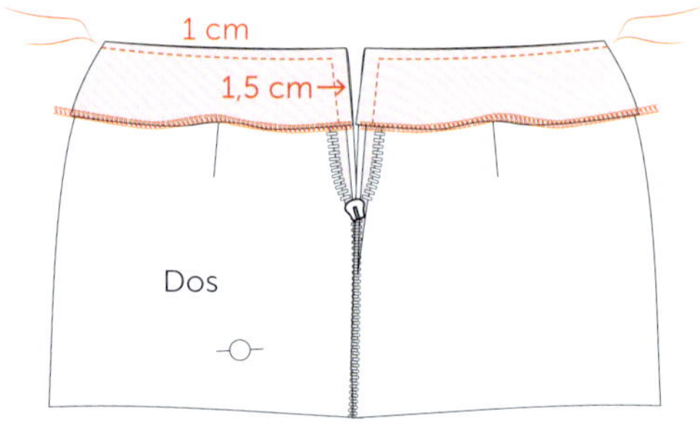

Évider les angles. Retourner l'enforme sur l'endroit.

Faire une piqûre à 0,1cm du bord en piquant seulement dans l'enforme et les rentrés. Coucher l'enforme vers l'envers du vêtement. Repasser l'ensemble de telle sorte que la couture roule légèrement vers l'intérieur du vêtement.

Faire quelques points dans les coutures côtés pour fixer l'enforme à la jupe.

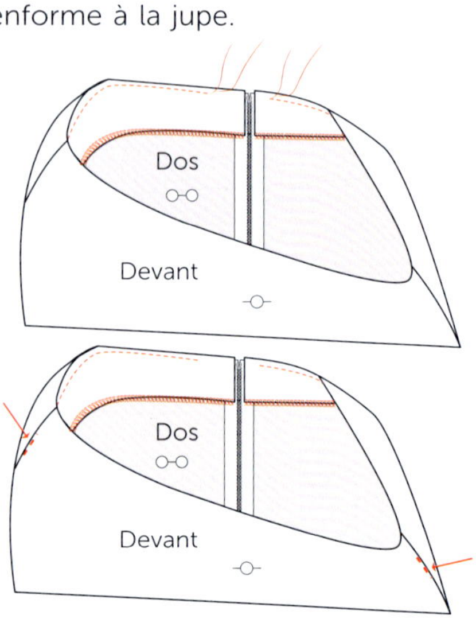

9. Ourlet

Surfiler ou coudre au point zigzag l'ourlet. Repasser.

Marquer l'ourlet à 3cm du bord au fer à repasser. Pour avoir une couture belle et régulière, piquer sur l'endroit à 2,5cm du bord. Repasser.

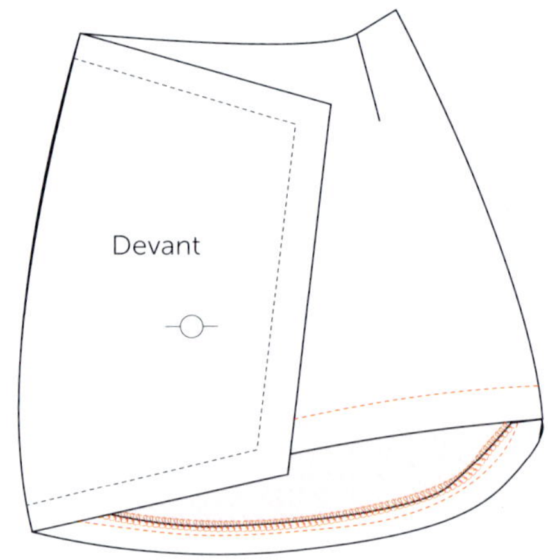

10. Bouton

Coudre le bouton à l'emplacement indiqué par le repère.

Pour finir, repasser le vêtement.

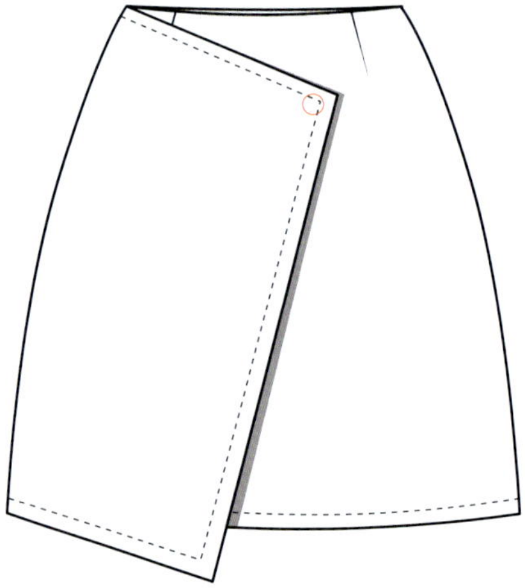

Patron **planche** A2

La jupe Katya

Jupe portefeuille façon tablier avec des pinces devant et dos, une poche plaquée avec rabat de poche, une ceinture à liens et un bouton invisible. Facile à coudre et à porter, cette jupe de longueur midi peut bien évidemment être raccourcie. À porter avec des baskets et un tee-shirt, ou avec des chaussures à talons et une blouse, tout dépend de vos envies et des circonstances.

Difficulté : 2/5

Tailles : 34-44

Longueur du vêtement fini
85cm au milieu dos

Fournitures
- Pour un tissu en laize de 140cm

Tailles	34-44
Métrage	190cm

- Thermocollant : +/- 90cm en laize de 90cm (Vlieseline H180)
- 1 bouton de 12mm de diamètre
- Fils à coudre

Quelle matière choisir ?
Suédine, simili cuir, jean, gabardine, velours, chambray, jacquard.

Guide des tailles

Taille	34	36	38	40	42	44
Tour de taille	60	64	68	72	76	80
Tour de hanches	88	92	96	100	104	108

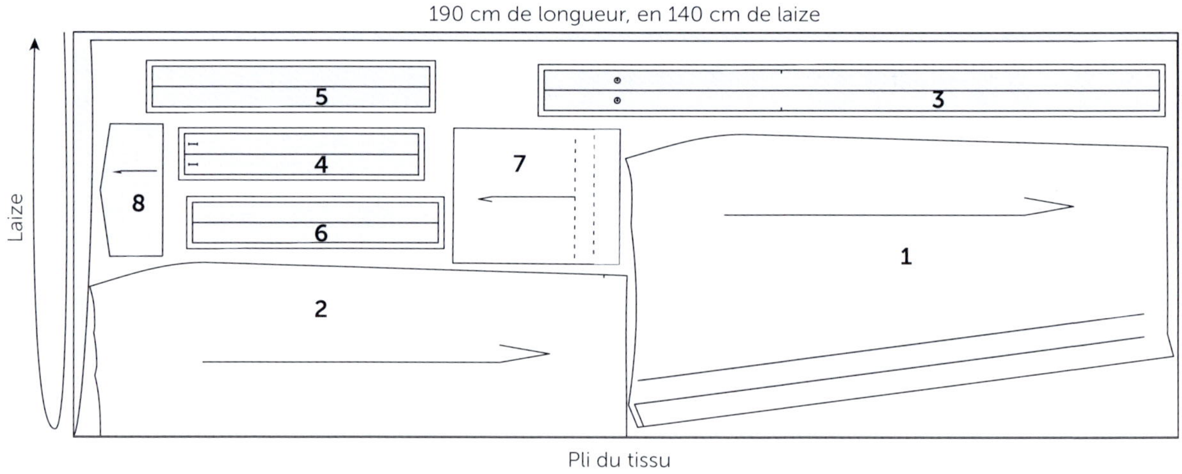

Plan de coupe

1. Devant x 2
2. Dos x 1 au pli
3. Ceinture droite x 1
4. Ceinture gauche x 1
5. Ceinture libre x 1
6. Ceinture dos x 1
7. Poche plaquée x 1
8. Rabat de poche x 2

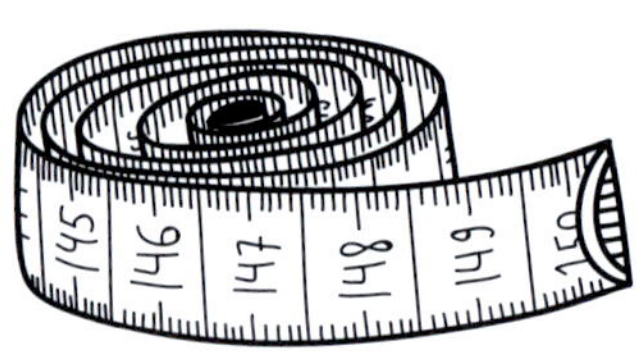

Réalisation

Découper toutes les pièces du patron.

Faire les crans pour marquer les milieux dos sur la ceinture et le dos de la jupe, marquer l'emplacement de la boutonnière et du bouton sur la ceinture.

Les pièces suivantes sont à thermocoller :

- **1.** La partie de la parementure sur les 2 parties de devant
- **3.** Ceinture droite
- **4.** Ceinture gauche
- **5.** Ceinture libre
- **6.** Ceinture dos
- **7.** Partie haute de la poche
- **8.** Rabat de poche

1. Pinces

Épingler, puis piquer toutes les pinces. Repasser en les couchant vers les côtés.

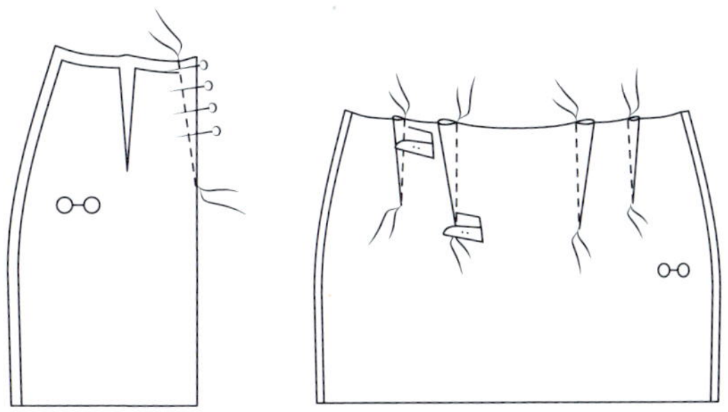

2. Poches plaquées

Surjeter le petit côté haut des poches. Plier la partie haute vers l'envers. Épingler, puis piquer sur le bord surjeté. Repasser.

Faire une surpiqûre sur l'endroit de la poche à 2mm du bord haut. Plier les côtés de la poche vers l'envers, faufiler. Plier le bas de la poche vers l'envers aussi, faufiler. Repasser.

Épingler les 2 parties du rabat de poche ensemble, endroit contre endroit. Piquer sur trois côtés. Couper les coins, retourner sur l'endroit. Faufiler le contour du rabat de poche. Surpiquer le rabat à 2mm puis à 1cm du bord sur les trois côtés.

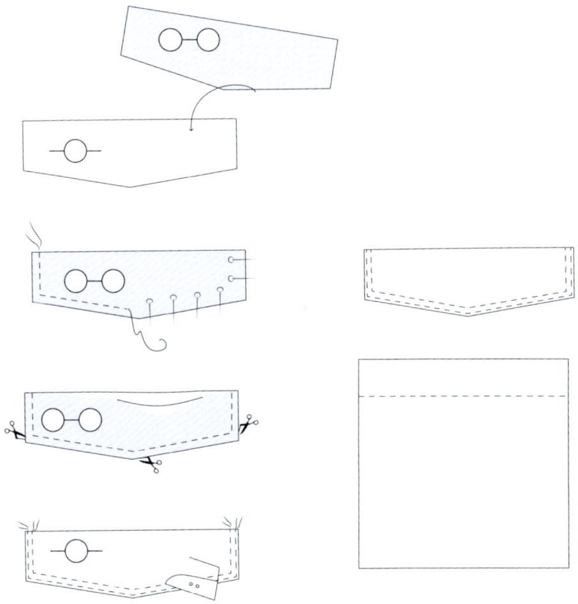

Épingler la poche sur le devant droit du vêtement suivant les repères. Faufiler, piquer à 2mm du bord, puis à 1cm du bord, sur les trois côtés.

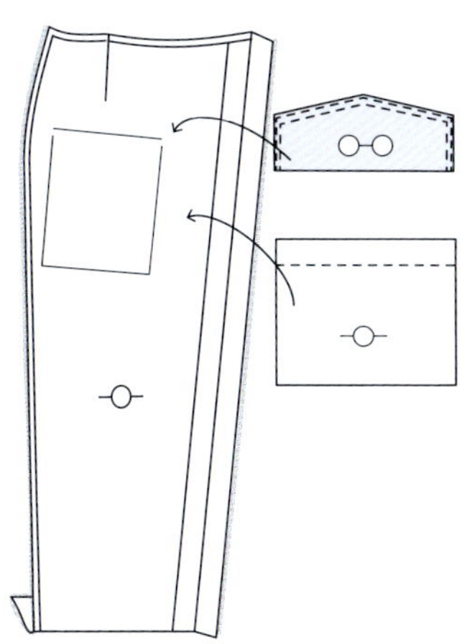

Coudre le rabat de poche à l'emplacement prévu sur le devant du vêtement. Piquer le rabat au vêtement à 5mm du bord, endroit contre endroit. Plier le rabat vers le bas, piquer à 1cm du bord supérieur.

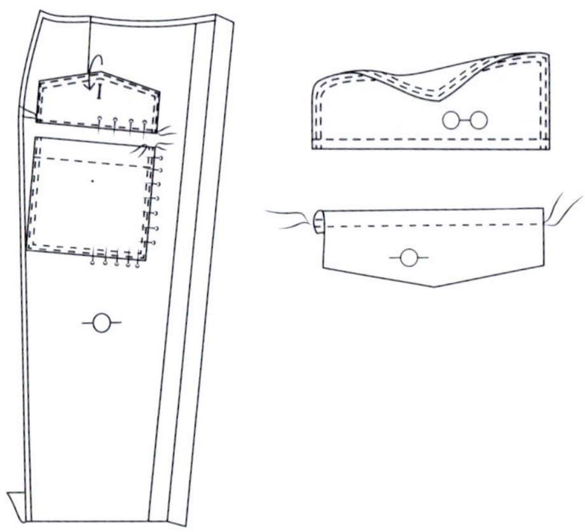

Surjeter les VC des côtés du dos et du devant.

Épingler, puis piquer les coutures côtés endroit à l'intérieur. Ouvrir les coutures au fer.

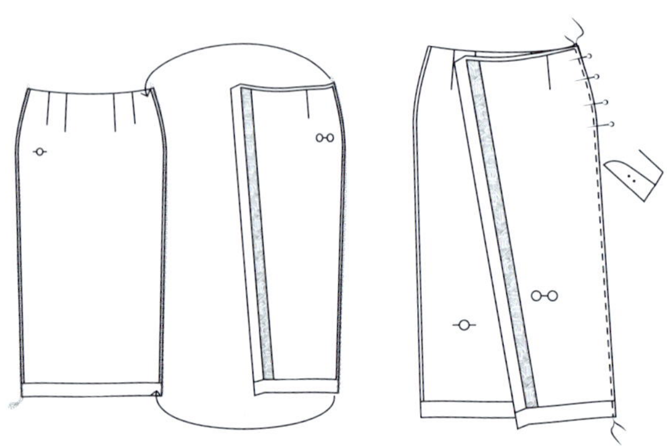

3. Parementures

Surjeter les VC des parementures et l'ourlet bas de la jupe.

4. Couture des coins

1re variante (simple)

Replier les VC de l'ourlet bas, replier par-dessus les VC de la parementure.

Épingler, faufiler tout le long des bords de la jupe.

Piquer sur l'endroit à 3,5cm du bord. Repasser.

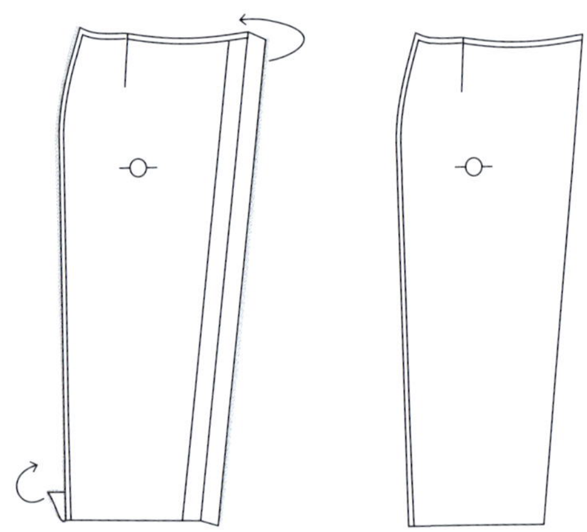

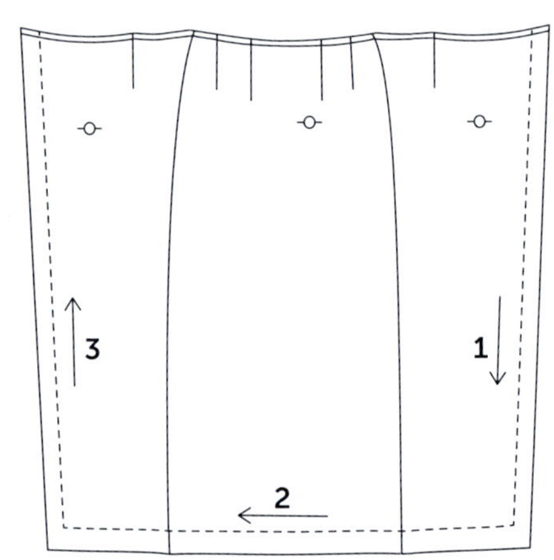

2e variante (plus jolie mais plus complexe)

Tracer une ligne à 45° sur l'envers du tissu dans les deux coins bas de la jupe. Plier sur la ligne.

Épingler le coin, piquer sur la ligne. Une fois le coin formé, couper les VC à 0,5cm de la couture. Déplier le coin et repasser la couture ouverte.

Retourner sur l'endroit. Replier l'ourlet et les parementures vers l'envers de la jupe. Faufiler. Piquer sur l'endroit à 3,5cm du bord la parementure droite, puis le bas, puis la parementure gauche. Repasser.

Vous trouverez la vidéo explicative de la technique «coins en onglet» sur www.lenaline.com.

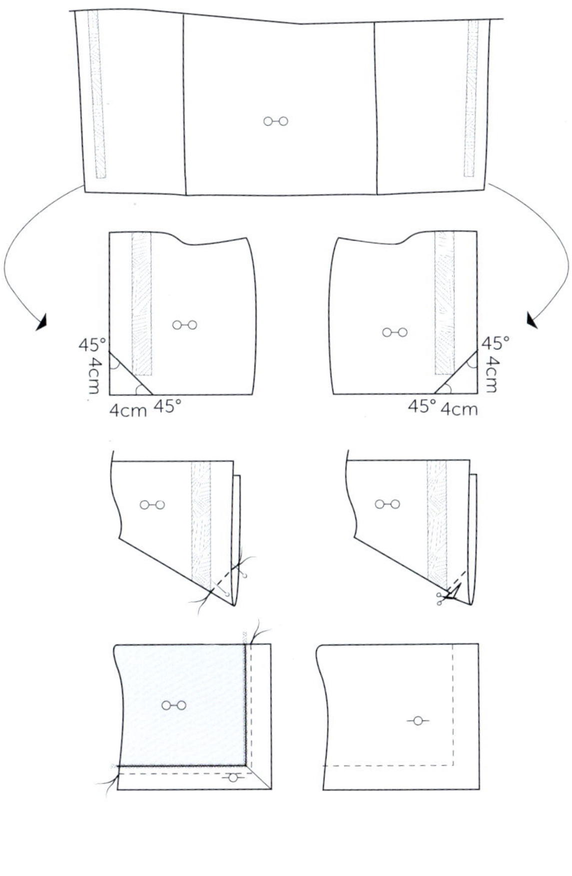

5. Ceinture

Thermocoller toutes les parties de la ceinture.

Plier dans le sens de la longueur, puis épingler la ceinture libre, endroit contre endroit.

Piquer le côté court et le côté long.

Couper les coins, retourner sur l'endroit, faufiler, repasser.

Surpiquer les trois côtés de la ceinture à 2mm du bord. Repasser.

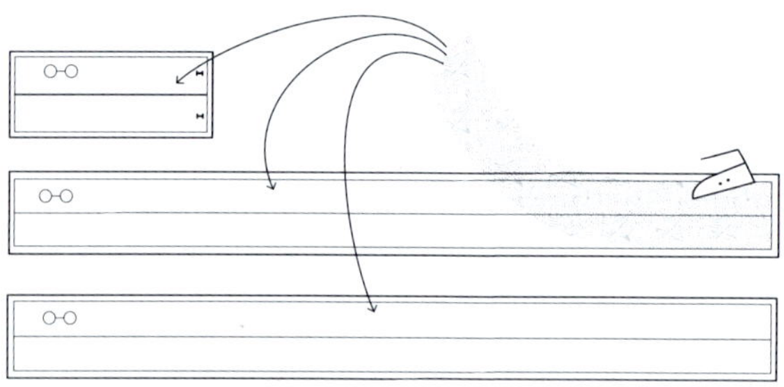

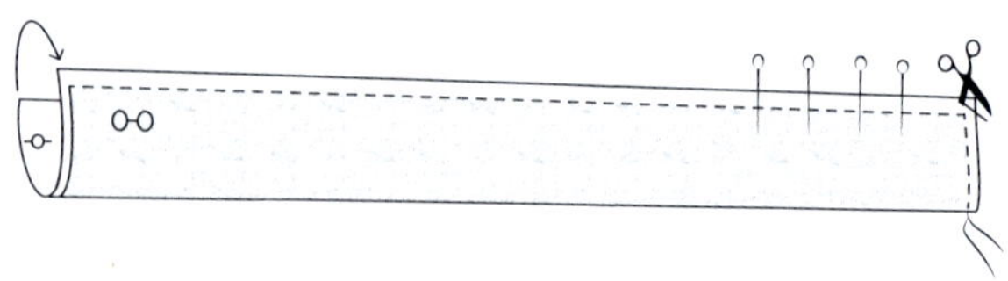

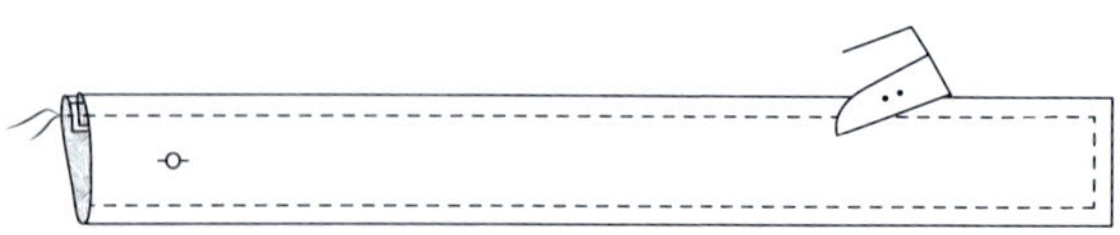

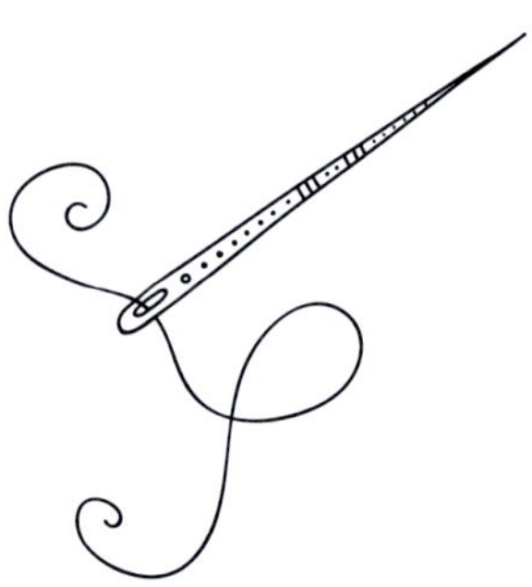

6. Assemblage de la ceinture et de la jupe

Côté gauche de la ceinture

Poser le bord de la ceinture libre sur l'endroit de la ceinture dos en laissant 1cm de VC en bas.

Poser par-dessus la ceinture gauche endroit contre endroit. Aligner le bord de celle-ci avec le bord de la ceinture dos.

Épingler l'ensemble, piquer. Ouvrir les coutures au fer.

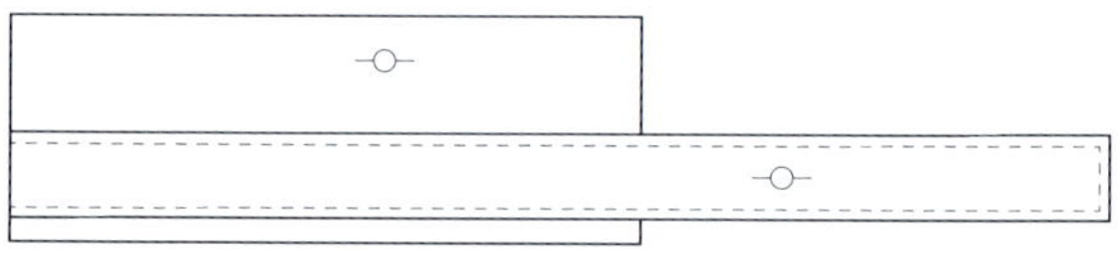

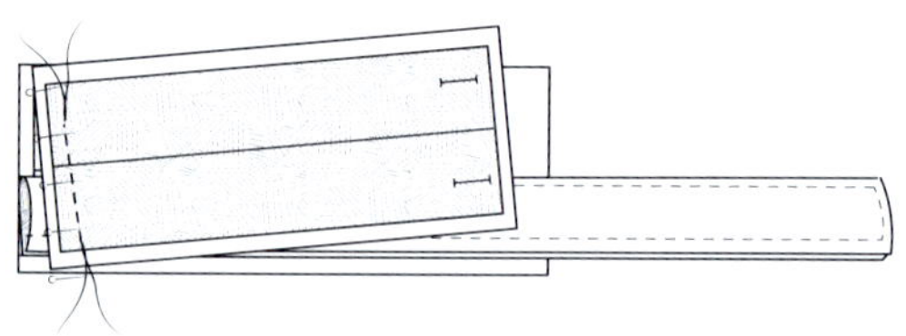

Côté droit de la ceinture

Épingler, puis piquer les petits côtés de la ceinture droite et la ceinture dos à 1cm du bord, endroit contre endroit.

Ouvrir les coutures au fer.

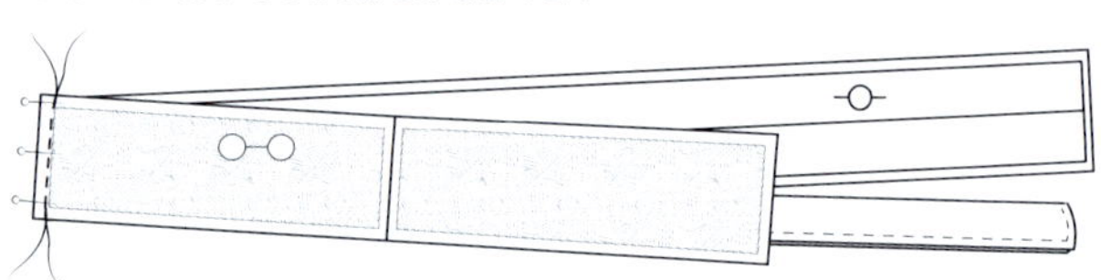

Épingler le bord gauche du devant de la jupe et le bord de la ceinture gauche endroit à l'intérieur.

Mettre 1cm de VC de la ceinture au-delà de la jupe.

Faufiler la ceinture sur toute la longueur de la taille. Piquer.

Plier dans le sens de la longueur la partie droite de la ceinture, endroit contre endroit.

Épingler, puis piquer jusqu'au début de la jupe. Couper les coins, retourner sur l'endroit, faufiler, repasser.

Faire la même chose avec le côté gauche de la ceinture.

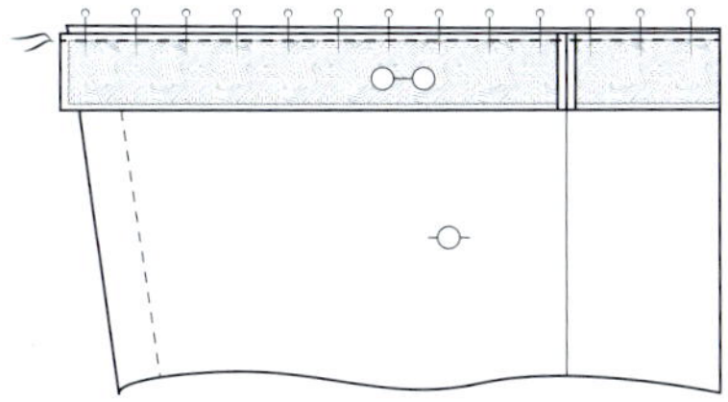

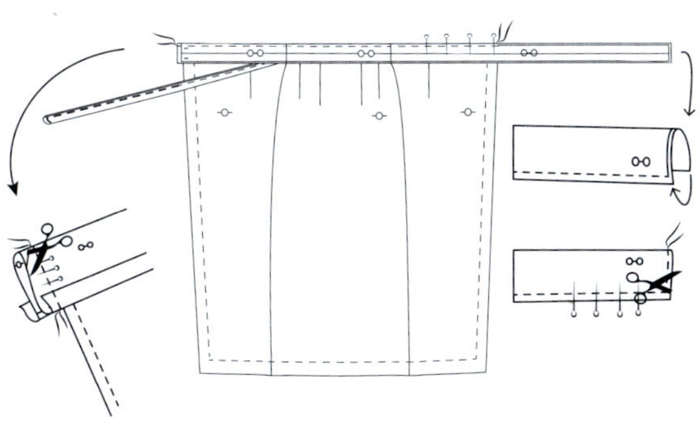

Replier la ceinture vers l'envers. Rabattre les VC vers l'intérieur de la ceinture. Faufiler.

Surpiquer sur l'endroit le pourtour de la ceinture. Commencer par la ceinture gauche près de la ceinture libre, comme sur le schéma.

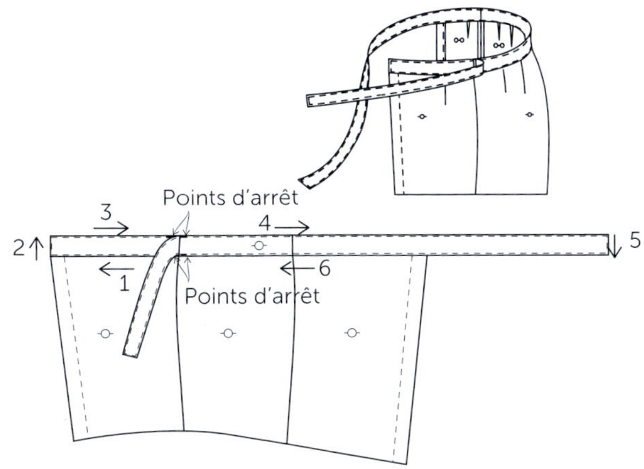

6. Fixation du bouton intérieur

Faire une boutonnière sur la fin de la ceinture du devant gauche.

Coudre le bouton à l'intérieur de la ceinture du devant droit.

Pour finir, repasser le vêtement.

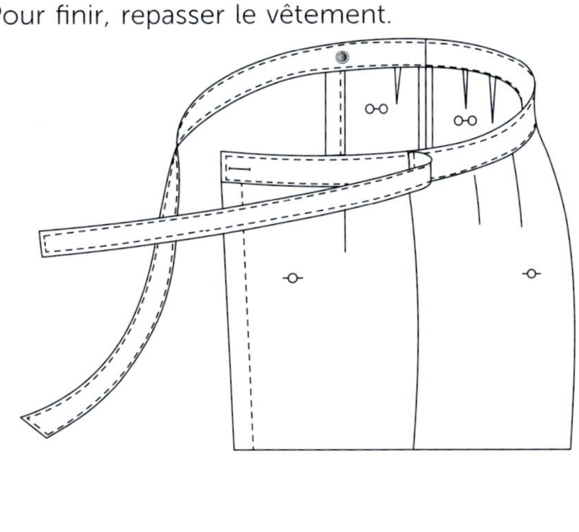

Patron
planche
B2

La ceinture basque

Cette ceinture basque est un accessoire parfait pour donner plus de caractère à vos robes ou chemisiers longs! Composée de trois parties, deux devants avec des poches et une au dos, elle est modulable à souhait! Vous pouvez choisir de porter une, deux ou trois parties, ensemble ou séparément.

Difficulté : 2/5

Taille unique : 31cm de haut

Fournitures

- Tissu principal : 40cm de long en laize 140cm
- Doublure : 35cm de long en laize de 140cm
- Ruban de droit-fil : 44cm de long
- Sangle pour ceinture : 1 pièce de 115cm de long et 3,5cm de large
- 2 anneaux en D pour ceinture de 3,5cm
- Fils à coudre et à surjeter

Quelle matière choisir ?

- Tissu principal : denim, tissus d'ameublement, gabardine, tissus matelassés, simili cuir, lainage de costume et bien d'autres
- Doublure : coton, viscose, batiste

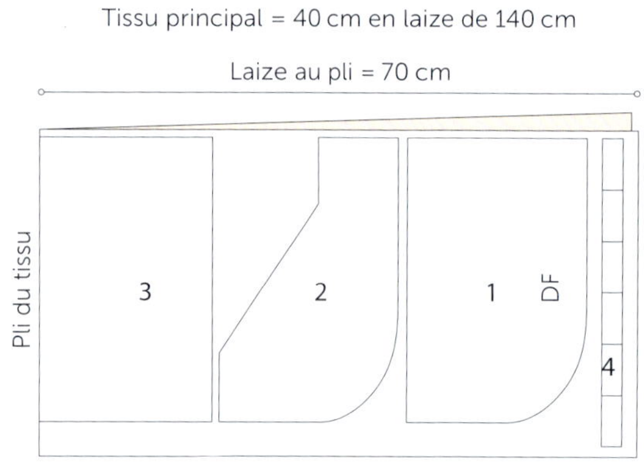

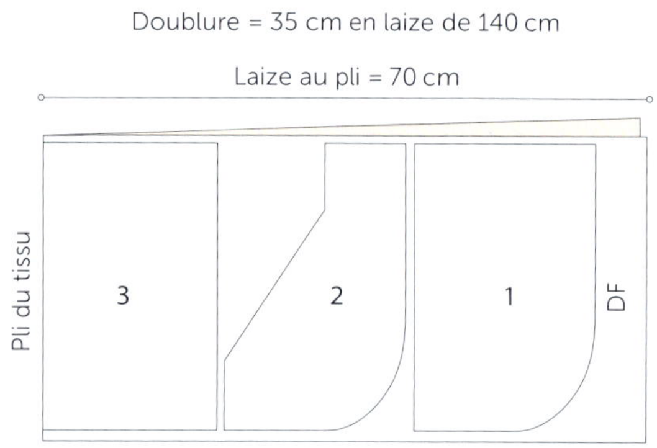

Plan de coupe

Toutes les valeurs de coutures sont incluses et sont de 1cm. Seule la VC de la bande des passants est de 0,5cm.

1. Devant x 2 tissu + x 2 doublure
2. Poche x 2 tissu + x 2 doublure
3. Dos x 1 au pli tissu + x 1 au pli doublure
4. Passants x 1 tissu

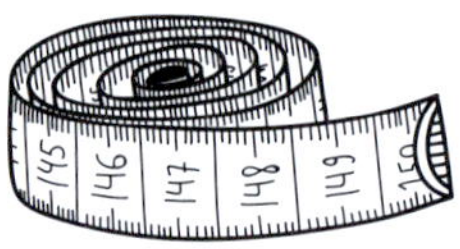

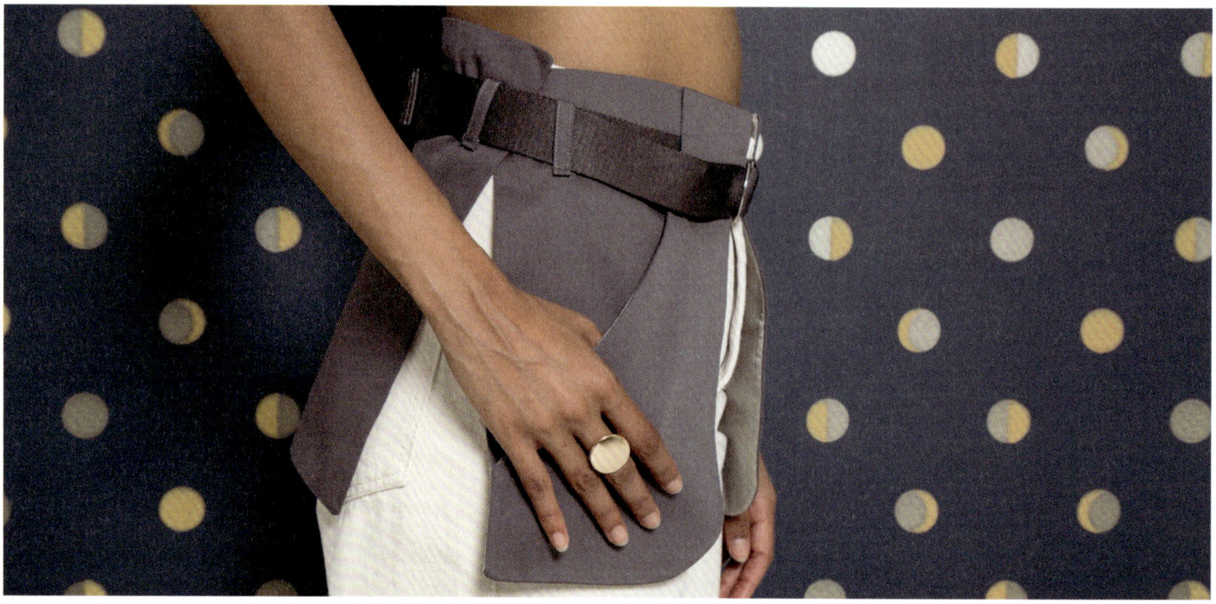

Réalisation

Découper toutes les pièces du patron, faire les crans et marquer tous les repères.

1. Poches

Thermocoller la bande de DF au niveau de l'entrée de poche sur l'envers du tissu. Coudre les entrées de poche de la doublure et du tissu principal ensemble, endroit contre endroit. Ouvrir les coutures au fer.

Cranter le coin. Faire la même chose avec la seconde poche.

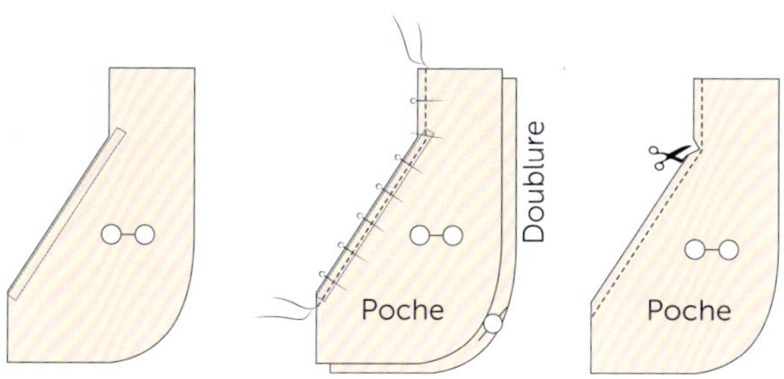

Piquer la partie de la poche et de la doublure à l'emplacement du passant, entre les repères à 1cm du bord. Entailler les VC à 0,2cm de la couture. Retourner sur l'endroit. Faire la même chose avec la seconde poche.

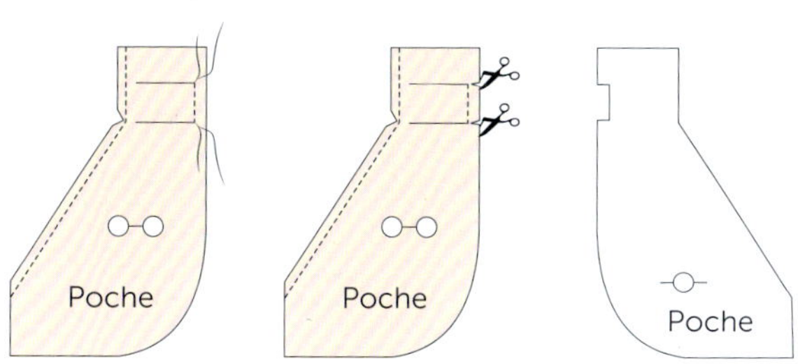

2. Poche et devant

Poser la poche entre l'endroit du devant et la doublure du devant (voir schéma). Épingler et piquer en laissant une partie non cousue d'environ 8cm. Dégarnir les coins, réduire les VC de la poche et du devant à 0,3cm de la couture.

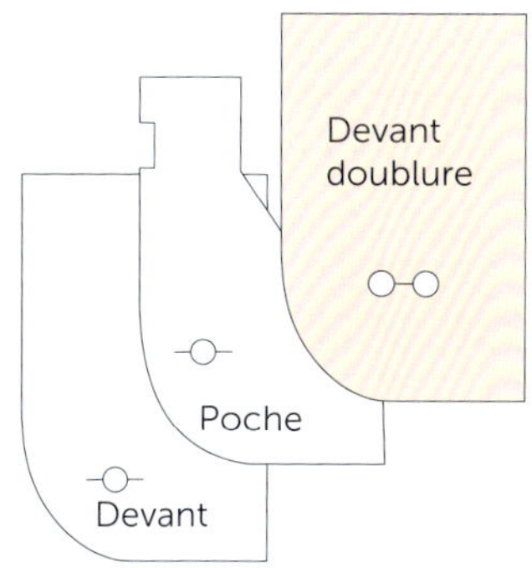

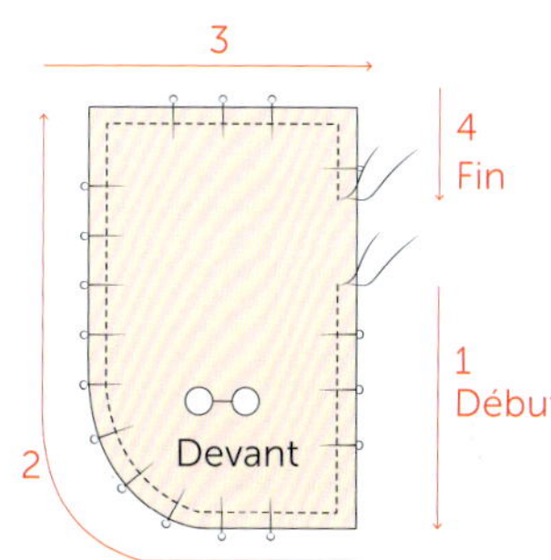

Sens de la couture

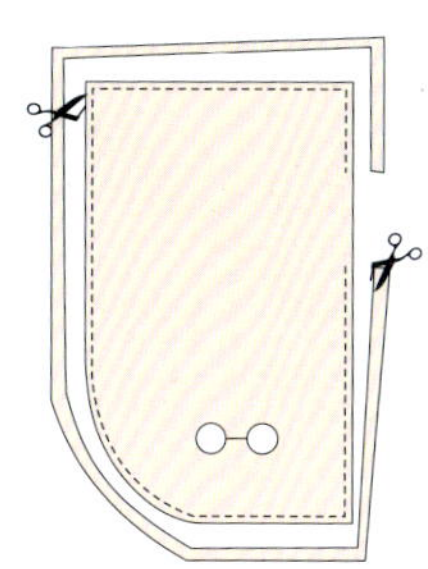

Retourner la poche sur l'endroit par l'ouverture laissée sur le côté. Coudre l'ouverture à la main avec des points invisibles.

Piquer l'emplacement des passants en faisant des points d'arrêt début et fin. Faire la même chose avec la second poche.

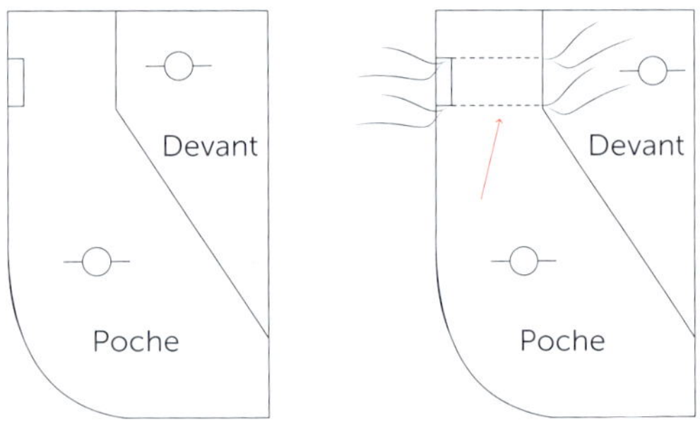

3. Ceinture et anneaux

Passer la sangle dans les deux anneaux, replier le bord de la sangle sur elle-même. Épingler et piquer pour fixer les anneaux et la sangle ensemble.

Plier le petit côté opposé sur lui-même, piquer pour fixer le bord.

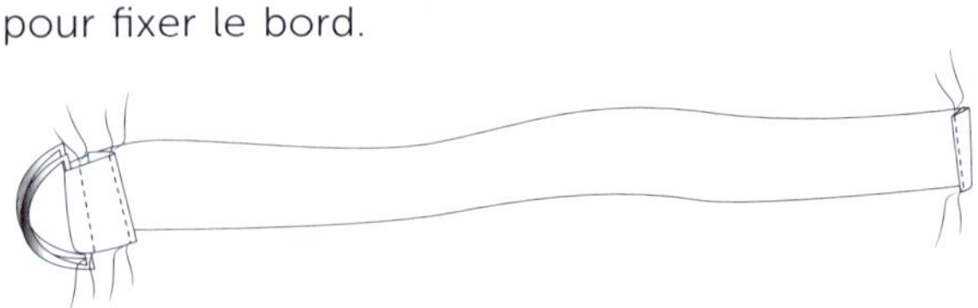

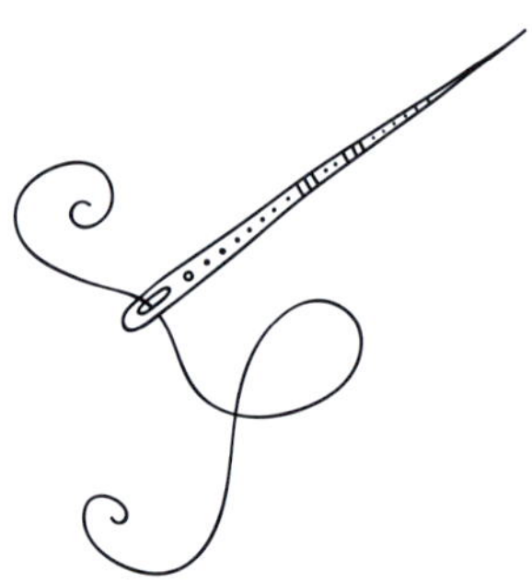

4. Dos

Épingler le dos avec sa doublure endroit contre endroit. Piquer sur le pourtour en laissant une ouverture d'environ 8cm. Réduire les VC à 0,3cm de la couture. Retourner sur l'endroit. Coudre l'ouverture à la main.

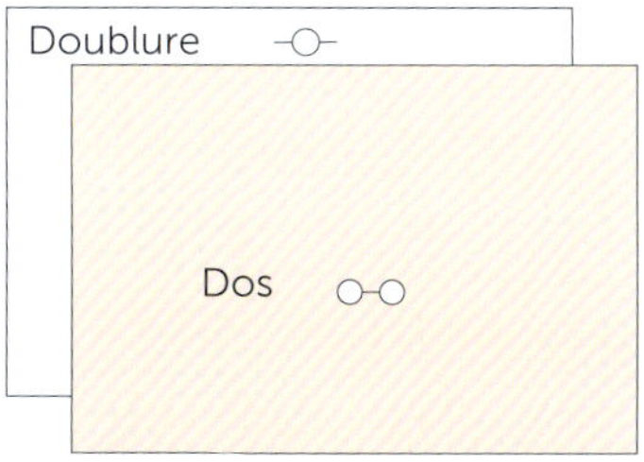

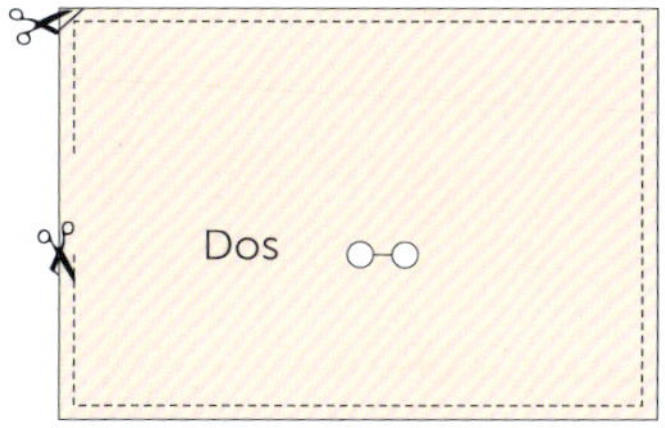

5. Passants

Plier les côtés longs de la bande de passants à 1cm du bord vers l'envers du tissu. Plier la bande dans son milieu, dans le sens de la longueur, envers contre envers. Piquer les deux côtés longs à 0,2cm du bord.

Couper la bande en 6 parties égales.

Coudre les passants aux emplacements prévus sur les devants et le dos de la basque.

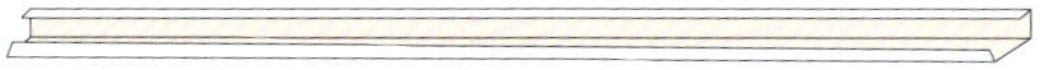

Pour finir, repasser le vêtement.

Patron
planche
A2

La robe-salopette
Zlata

Robe à bretelles avec deux poches plaquées et un boutonnage devant. Ce modèle peut se porter par dessus un tee-shirt, un chemisier ou un pull.

Difficulté : 3/5

Tailles : 34-44
Le modèle proposé est prévu pour une stature de 162-168cm pour toutes les tailles.

Fournitures

- Pour un tissu en laize de 140cm.

Tailles	34-44
Métrage	120cm

- Thermocollant : 50cm de long, en laize de 90cm (Vlieseline H180)
- 7 boutons de 18mm de diamètre
- Fils à coudre et à surjeter

Quelle matière choisir ?
Chino, denim, jacquard, simili cuir, gabardine de coton, velours.
Je vous conseille de choisir un tissu avec de la tenue pour avoir du volume.

Guide des tailles

Taille	34	36	38	40	42	44
Tour de poitrine	80	84	88	92	96	100
Tour de taille	60	64	68	72	76	80
Tour de hanches	88	92	96	100	104	108

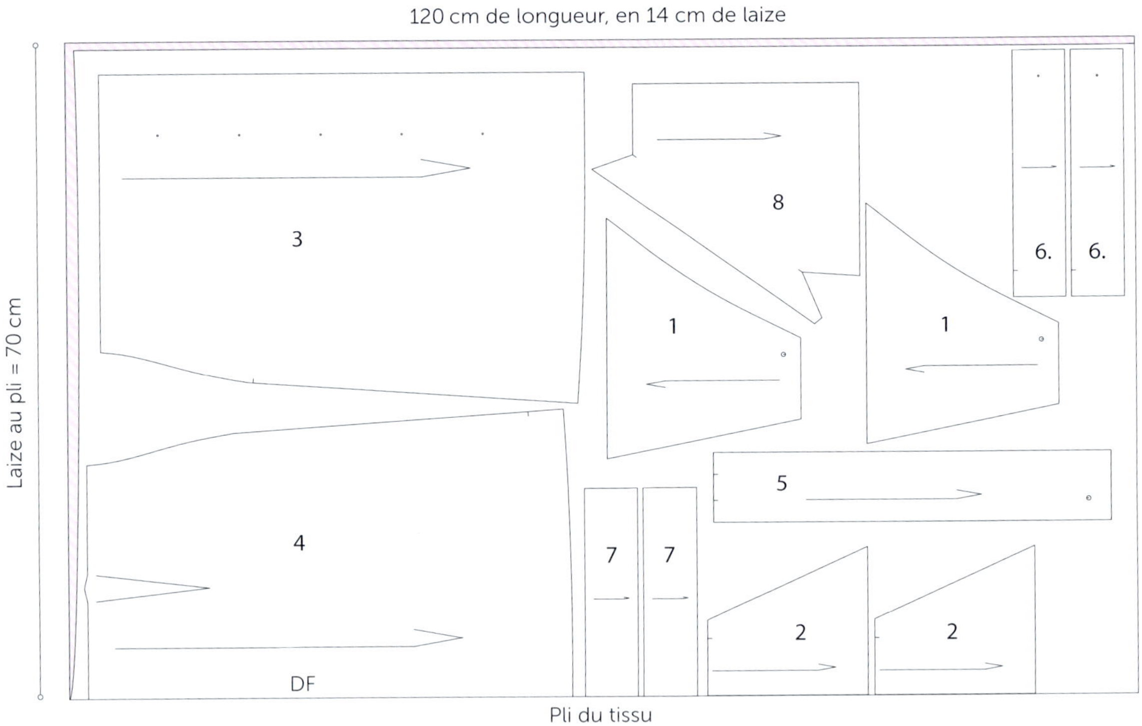

Plan de coupe

Toutes les valeurs de coutures sont incluses et sont de 1cm.

1. Devant x 4
2. Dos x 2 au pli
3. Jupe devant x 2
4. Jupe dos x 1 au pli
5. Bretelle x 2 tissu + x 2 thermocollant
6. Ceinture devant x 4 tissu + x 4 thermocollant
7. Ceinture dos x 2 au pli
8. Poche x 2

Réalisation

Découper toutes les pièces du patron, faire les crans et marquer tous les repères.

Thermocoller les pièces suivantes :

- **3.** Jupe devant (partie de la boutonnière)
- **5.** Bretelle (2 pièces)
- **6.** Ceinture devant (4 pièces)
- **7.** Ceinture dos (2 pièces)
- **8.** Poche (partie supérieure uniquement)

1. Poches

Thermocoller la partie supérieure de la poche. Surjeter le bord biseauté. Plier sur la ligne de pli, marquer le pli au fer et piquer sur l'endroit à 0,7cm du bord.

Plier à 1cm vers l'envers le côté long, puis le côté bas de la poche. Repasser. Faire la même chose avec la seconde poche.

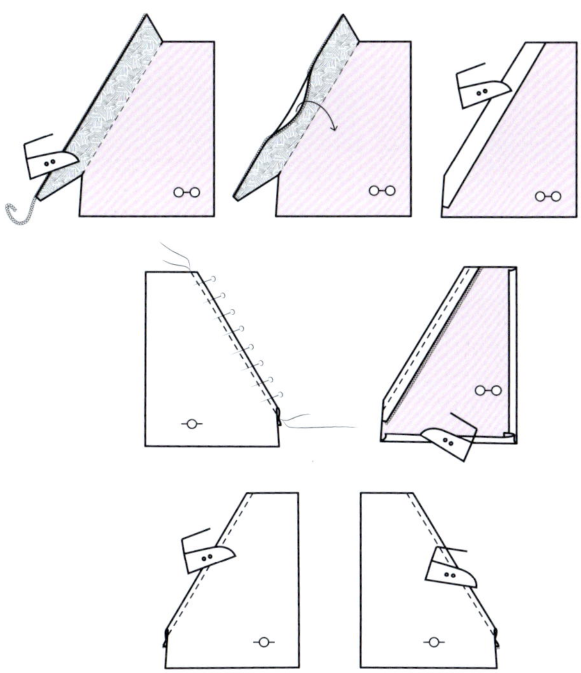

2. Poches et vêtement

Placer la poche sur le devant de la jupe à l'endroit indiqué. Épingler, puis piquer la poche sur les deux côtés à 0,2cm du bord, puis à 0,7cm du bord.

Faire la même chose avec la second poche.

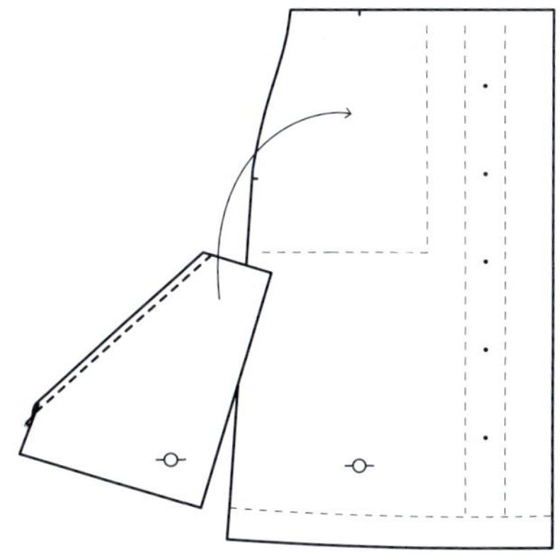

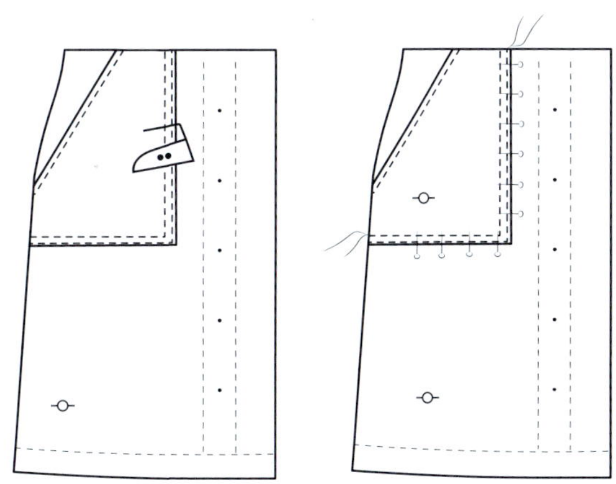

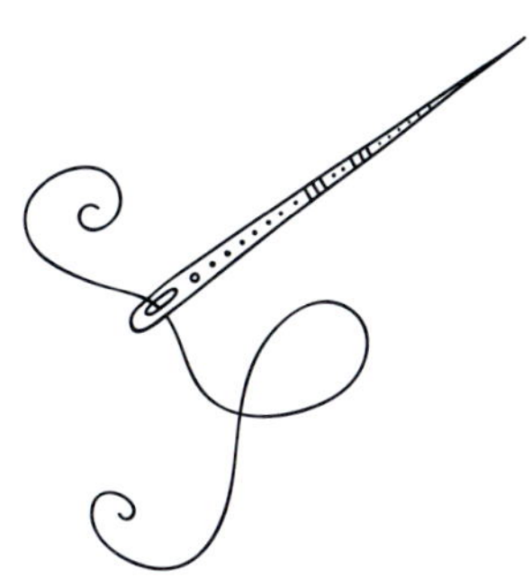

3. Pinces

Épingler, puis piquer les pinces du dos de la jupe. Repasser.

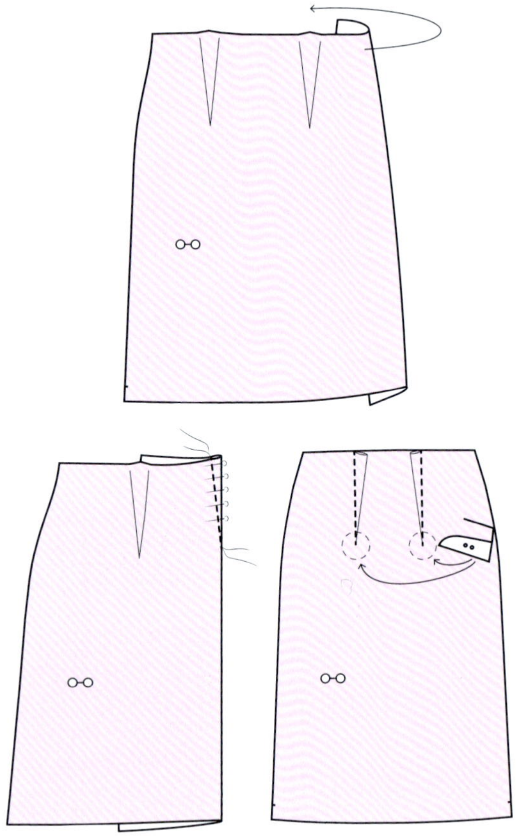

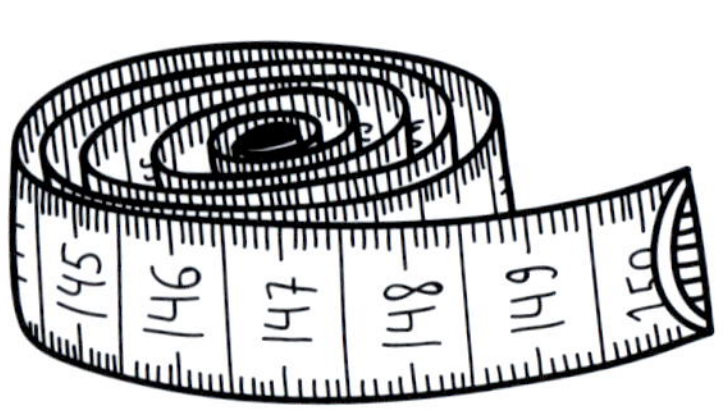

4. Jupe dos et devant

Poser le côté du devant de la jupe sur le dos, endroit contre endroit. Épingler, puis piquer ensemble.

Surjeter les VC ensemble.

Surpiquer les coutures côtés sur l'endroit à 0,7cm de la couture. Surjeter l'ourlet de la jupe.

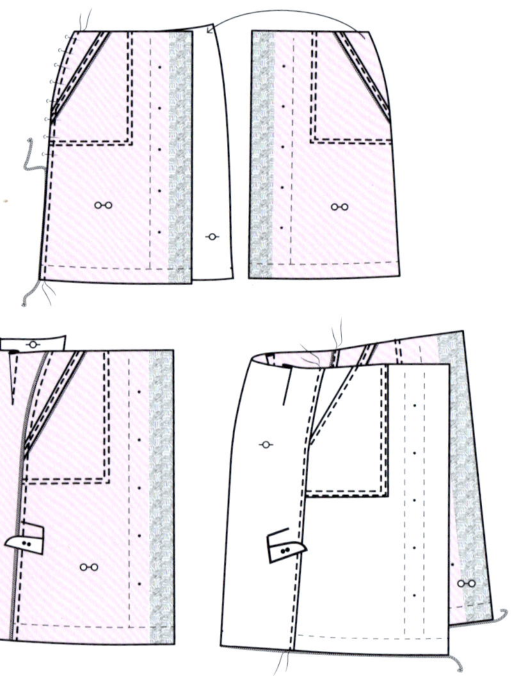

5. Ourlet de la jupe

Plier l'ourlet de la jupe vers l'envers à 4cm du bord. Piquer sur l'endroit à 3,5cm pour le fixer.

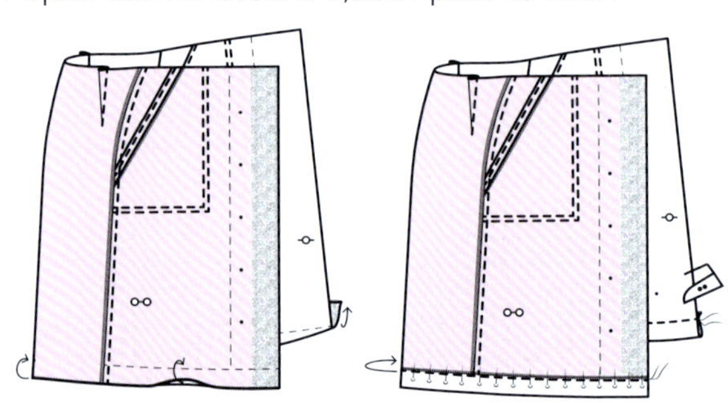

6. Parementure devant

Plier 1cm de la parementure de la jupe vers l'envers. Repasser pour marquer le pli. Plier encore une fois la parementure de 4cm, repasser. Piquer à 3,5cm du bord pour fixer la parementure. Faire la même chose avec le second côté du devant.

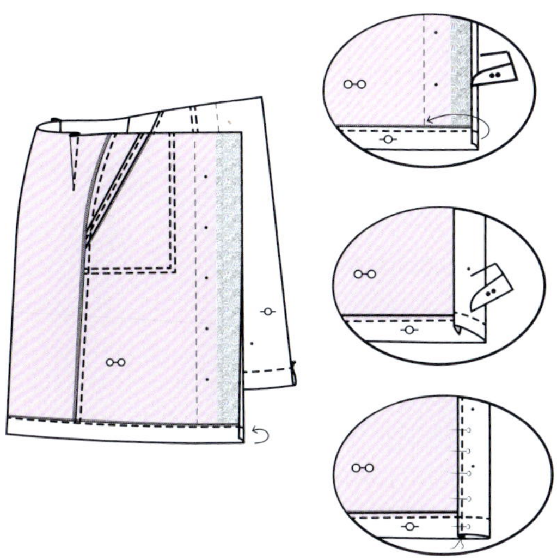

7. Bretelles

Plier vers l'envers le petit côté de la bretelle à 1cm du bord, repasser. Plier vers l'envers les deux côtés longs à 1cm du bord, repasser. Plier la bretelle sur la ligne de pli dans son milieu long, endroit contre endroit, épingler, piquer sur le petit côté et le côté long.

Faire la même chose avec la second bretelle.

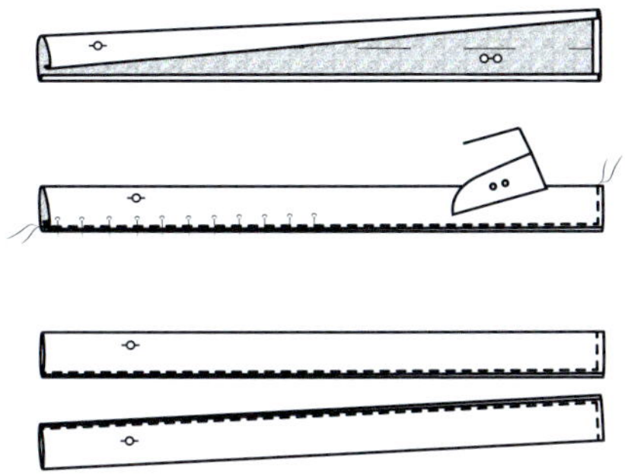

8. Dos et bretelles

Poser le bord libre des bretelles sur l'endroit du dos, bien aligner sur les repères, épingler. Poser la second partie du dos dessus, endroit contre endroit. Épingler, piquer sur trois côtés.

Évider les coins, retourner sur l'endroit.

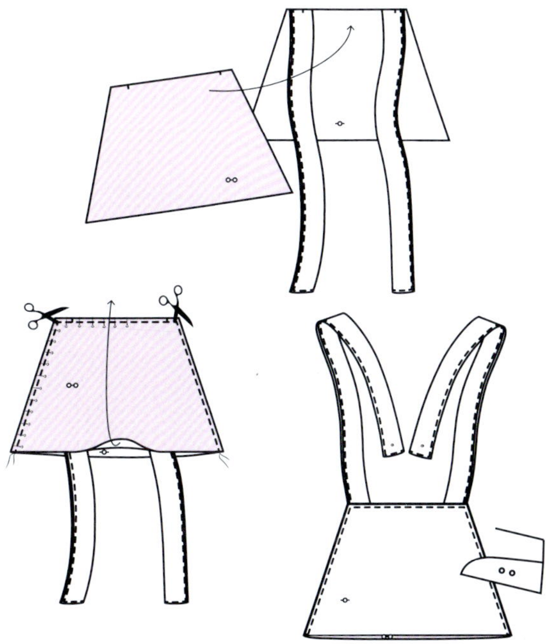

9. Devant

Épingler, puis piquer les deux parties de devant ensemble, endroit contre endroit. Évider les coins, retourner sur l'endroit.

Faire une surpiqûre sur trois côtés à 0,7cm du bord. Faire la même chose avec la second partie du devant.

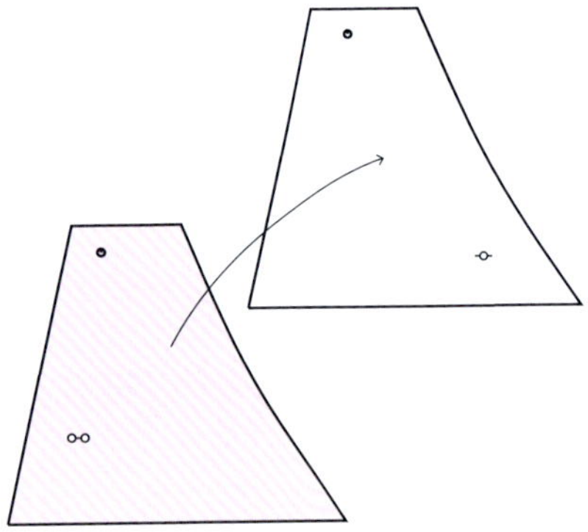

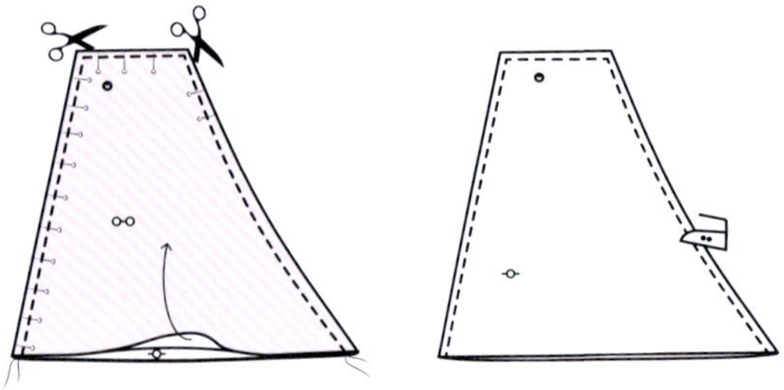

10. Ceintures dos et devant

Épingler, puis piquer les petits côtés de la ceinture dos avec les petits côtés de la ceinture devant, endroit contre endroit. Ouvrir les coutures au fer. Faire la même chose avec la second partie de la ceinture.

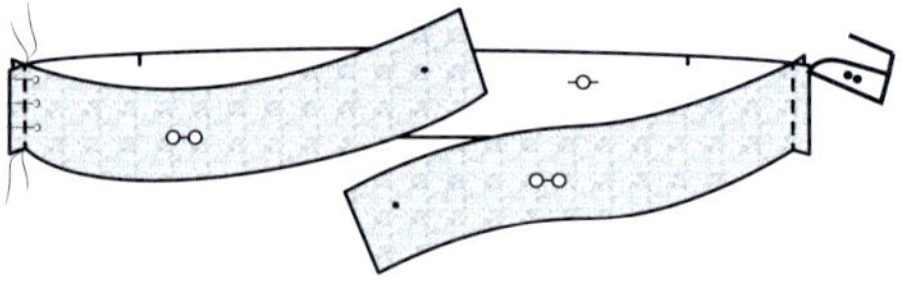

Épingler la ceinture avec la jupe, endroit contre endroit, en respectant les repères et en faisant déborder la ceinture devant de 1cm au-delà de la jupe.

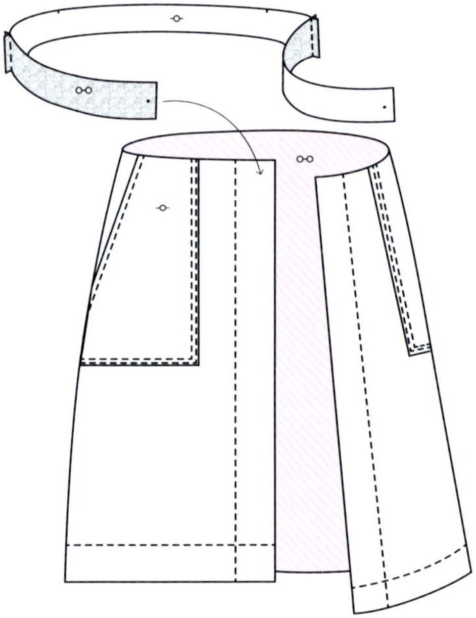

Piquer la ceinture et le devant ensemble, rabattre la ceinture vers le haut et repasser. Épingler sur le bord libre de la ceinture les deux parties du devant et le dos, en respectant les repères, et en laissant 1cm de petit côté de ceinture déborder.

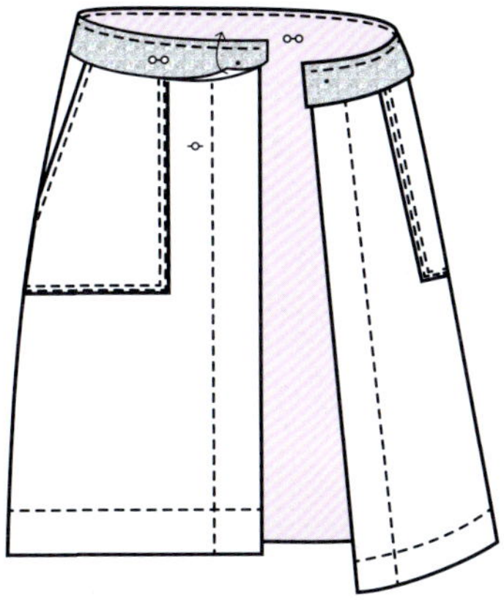

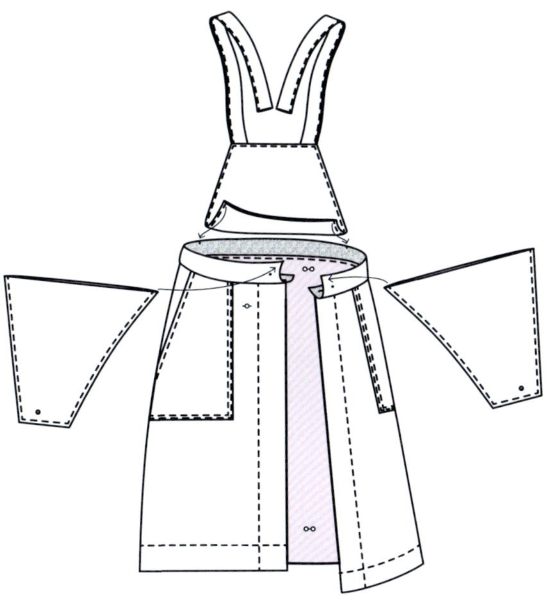

Épingler par dessus la second partie de la ceinture, de la même façon que la première, elle va déborder de 1cm vers le milieu devant.

Piquer sur le pourtour, piquer également le petit côté des ceintures ensemble. Évider les coins, retourner sur l'endroit.

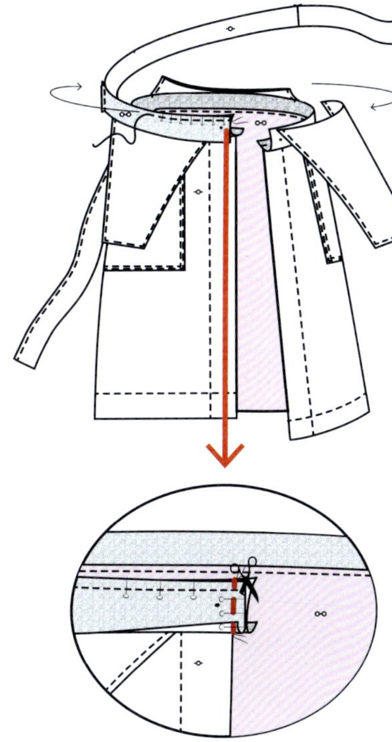

Replier les VC de la ceinture sur l'envers du vêtement à 1cm vers l'intérieur. Épingler, puis piquer sur la ceinture sur l'endroit à 0,2cm de la couture entre la jupe et le haut.

Faire les boutonnières et coudre les boutons.

Pour finir, repasser le vêtement.

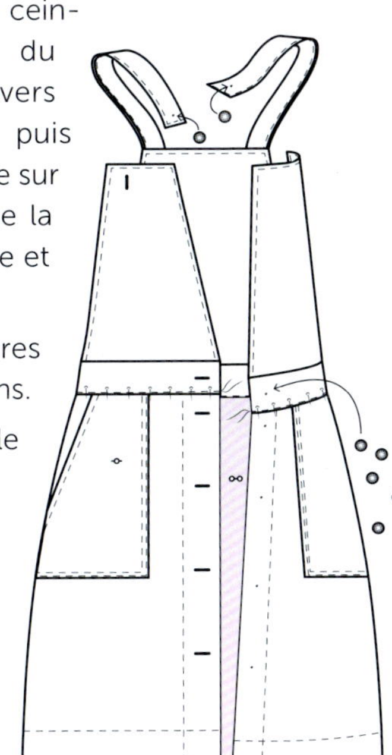

Patron **planche** A1

Le bomber Arthur

Confortable, ample, ce bomber est un vêtement utilitaire devenu un grand classique! Manches raglan élargies au niveau des coudes avec des coutures surpiquées au même niveau. Poches plaquées biseautées sur les devants et une poche à rabat sur la manche gauche. Avec des boutons-pression sur le devant et du bord-côte aux poignets, à l'encolure et à la ceinture. Cette pièce plutôt masculine prendra une autre dimension associée à une pièce féminine comme une jupe fluide ou une robe maxi.

Difficulté : 3/5

Tailles : 34-44
Le modèle proposé est prévu pour une stature de 162-168cm pour toutes les tailles.

Fournitures

- Pour un tissu en laize de 140cm

Tailles	34-44
Métrage	140cm

- Bord-côte : 40cm de long, en laize de 55cm
- Thermocollant : 70cm de long, en laize de 90cm (Vlieseline H180)
- 6 boutons-pression de 16mm de diamètre
- Fils à coudre et à surjeter

Quelle matière choisir ?
Jersey, tissus matelassés, chino, denim, jacquard, simili cuir, gabardine de coton, velours.
Je vous conseille de choisir un tissu avec de la tenue pour avoir du volume.

Guide des tailles

Taille	34	36	38	40	42	44
Tour de poitrine	80	84	88	92	96	100
Tour de taille	60	64	68	72	76	80

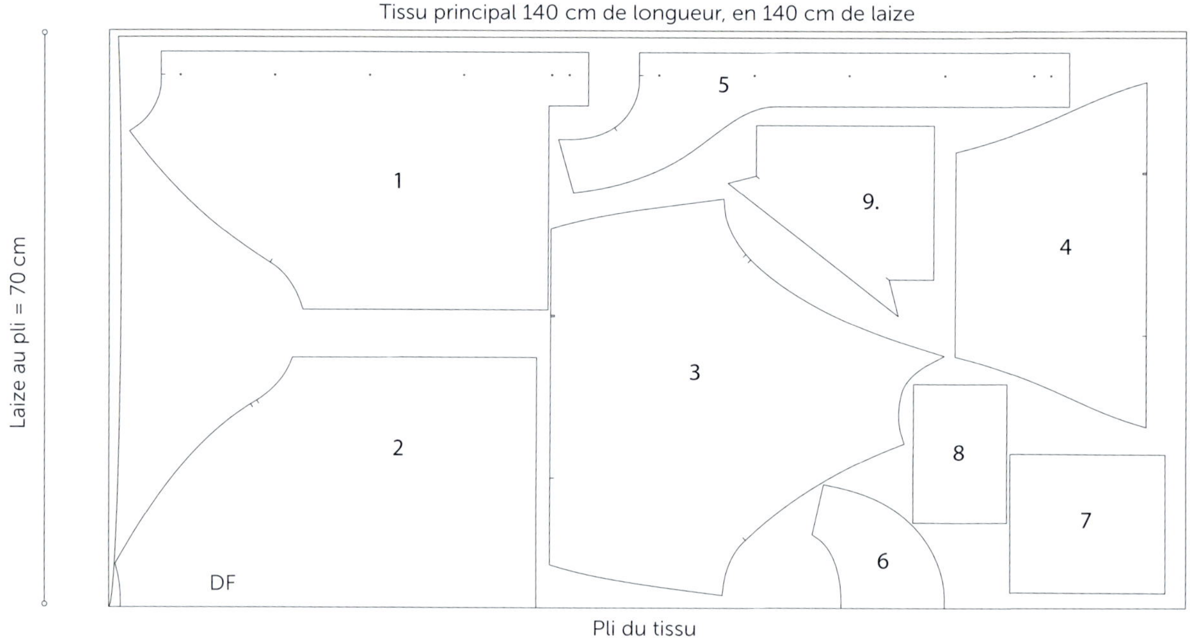

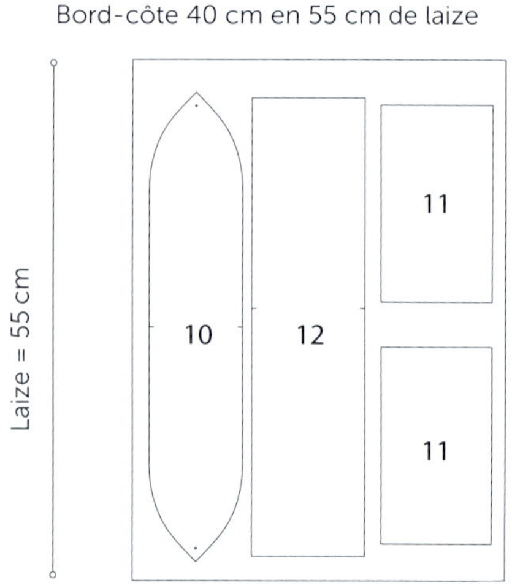

Plan de coupe

Toutes les valeurs de coutures sont incluses et sont de 1cm.

Tissu principal

1. Devant x 2
2. Dos x 1 au pli
3. Haut de manche x 2
4. Bas de manche x 2
5. Parementure devant x 2
6. Parementure dos x 1 au pli
7. Poche plaquée x 1
8. Rabat de poche plaquée x 1
9. Poche biseautée x 2

Bord-côte

10. Col x 1
11. Poignet x 2
12. Ceinture x 1

Réalisation

Découper toutes les pièces du patron, faire les crans et marquer tous les repères.

Thermocoller les pièces suivantes :

- **5.** Parementure devant (2 pièces);
- **6.** Parementure dos (1 pièce au pli);
- **7.** Poche plaquée (partie grisée sur le patron);
- **8.** Rabat de poche plaquée (1 pièce);
- **9.** Poche biseautée (partie grisée sur le patron).

1. Rabat de poche

Thermocoller l'envers du rabat de poche. Plier le rabat dans le sens de la longueur, endroit à l'intérieur. Épingler, puis piquer les petits côtés. Évider les coins, retourner sur l'endroit, faire une surpiqûre à 0,2cm du bord. Repasser.

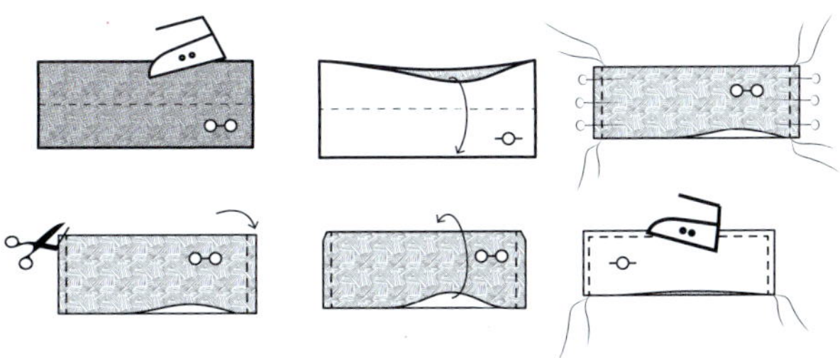

2. Poche plaquée

Thermocoller l'envers de la partie supérieure de la poche. Surjeter le bord supérieur. Plier sur 1cm et marquer au fer à repasser les côtés de la poche, faire de même sur la partie basse.

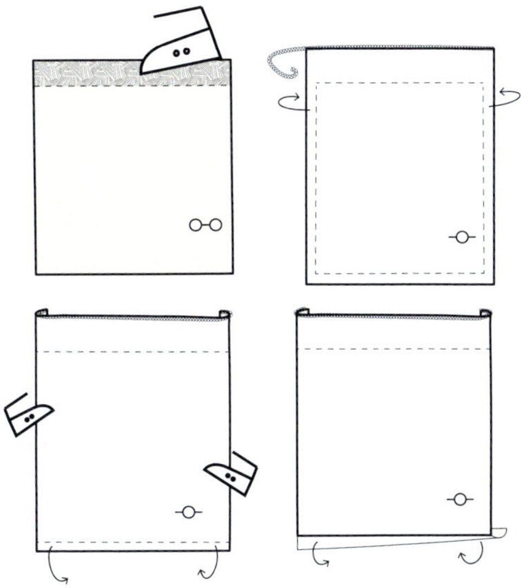

Plier la partie supérieure de la poche de 3cm vers l'envers. Épingler et piquer à 2,5cm du bord. Surpiquer la partie supérieure à 0,2cm du bord. Repasser.

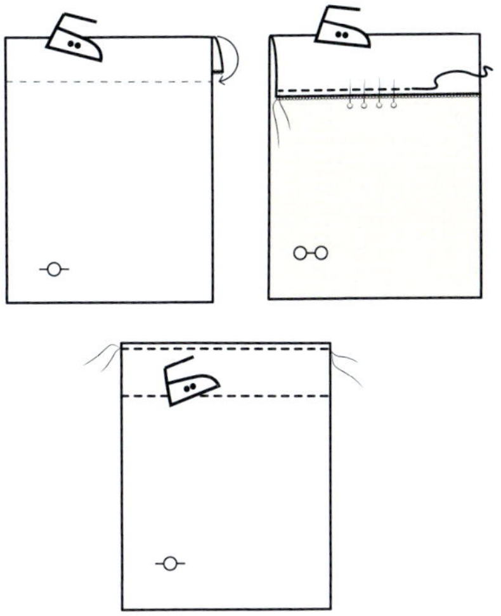

3. Poche plaquée et manche gauche

Épingler et piquer l'envers de la poche sur l'endroit de la manche gauche, à l'emplacement prévu sur le patron et marqué au préalable. Épingler le bord coupé du rabat de poche, à l'endroit prévu et marqué au préalable.

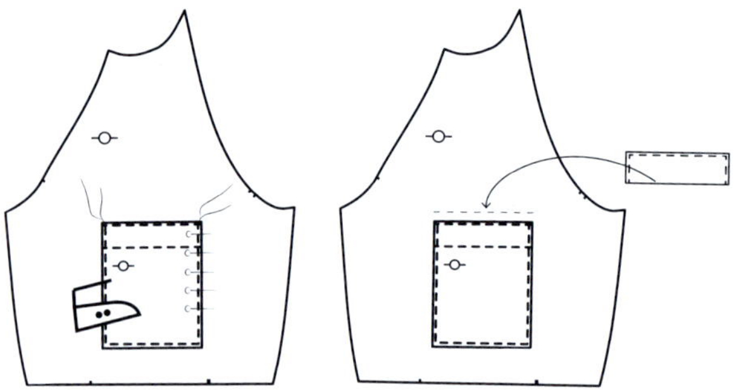

Piquer le rabat de poche à 0,5cm du bord, le replier vers le bas et piquer à 1cm du bord replié. Repasser.

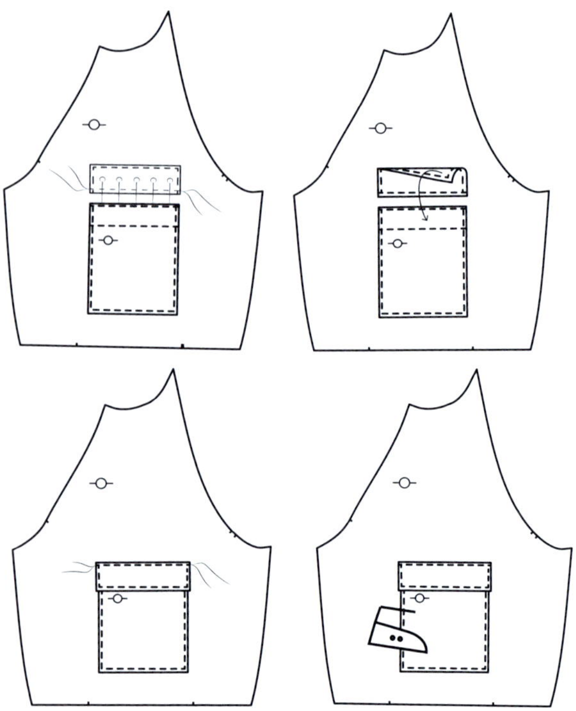

4. Manches

Surjeter la partie basse du haut de manche et la partie supérieure du bas de manche. Épingler, puis piquer les deux parties de manche ensemble, endroit contre endroit.

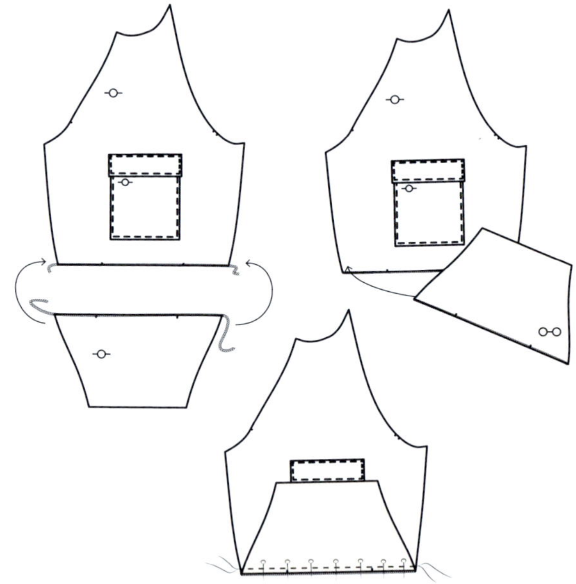

Écraser les coutures au fer. Surpiquer la manche sur l'endroit à 0,5cm, de part et d'autre de la couture. Faire la même chose avec la seconde manche.

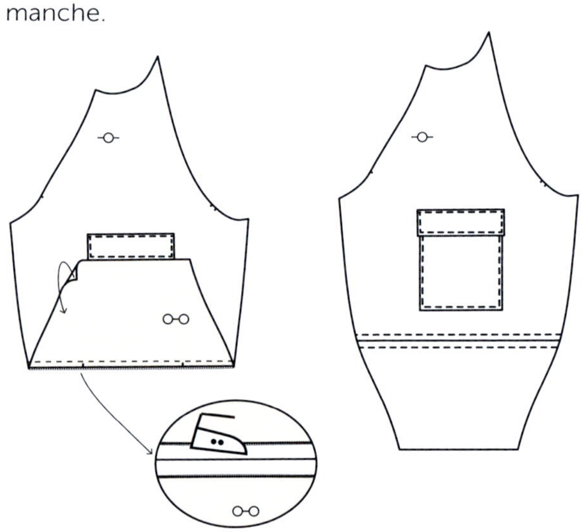

5. Poignets

Surjeter un des deux côtés longs du poignet. Épingler, puis piquer la partie libre du poignet et le bas de la manche ensemble, endroit contre endroit, en étirant le poignet sur la longueur de la manche. Rabattre le poignet vers le bas, surpiquer sur l'endroit de la manche à 0,2cm de la couture. Faire la même chose avec le second poignet.

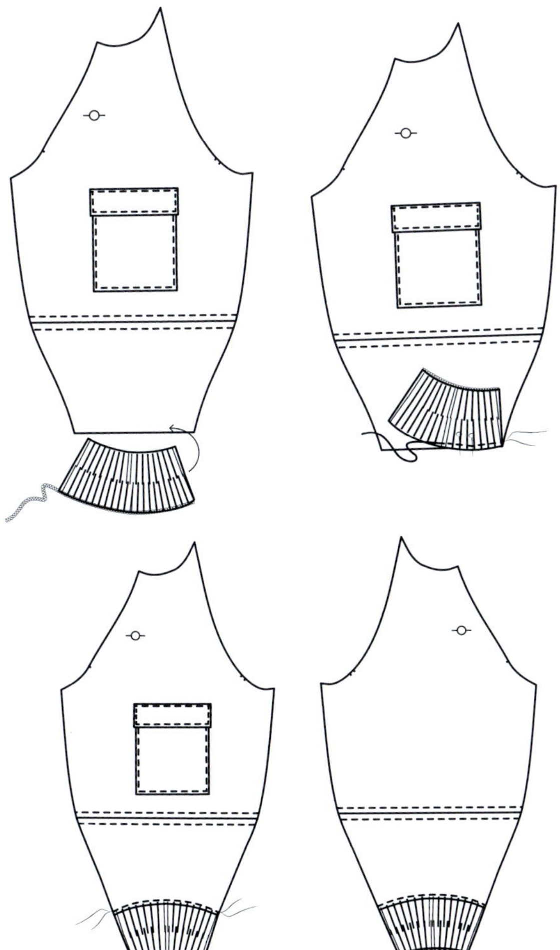

6. Poches biseautées

Thermocoller l'envers de la partie biseautée de la poche. Surjeter le bord supérieur, le plier vers l'envers, fixer le pli au fer. Piquer à 2,5cm du bord. Plier ensuite le long côté vers l'envers, puis le côté bas de la poche. Plier également les deux petits côtés et les fixer au fer. Faire la même chose avec la seconde poche.

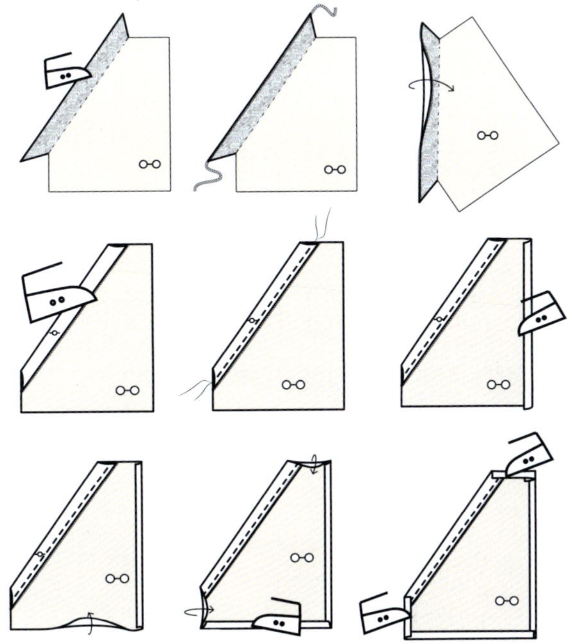

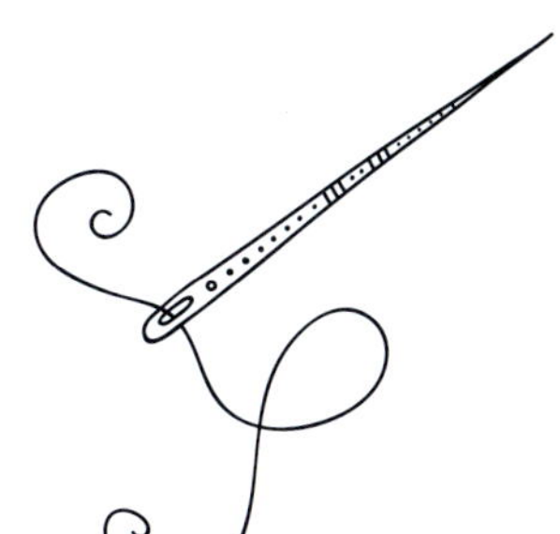

7. Poches biseautées et devants

Épingler, puis piquer à 0,2cm la poche sur l'endroit du devant, à l'emplacement marqué au préalable. Piquer uniquement sur les côtés. Faire la même chose avec la seconde poche.

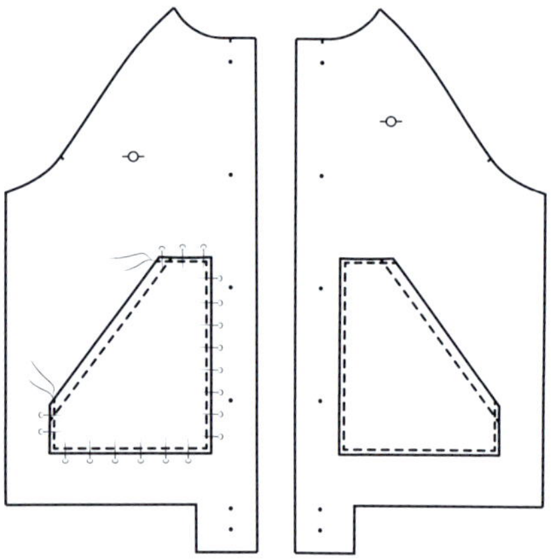

8. Manches et devant, manches et dos

Épingler, puis piquer le devant de chaque manche à chaque devant, endroit contre endroit. Surjeter les VC ensemble.

Faire la même chose avec le dos de la manche et le dos. Repasser en couchant les coutures dos vers le dos, et les coutures devant vers le devant du vêtement.

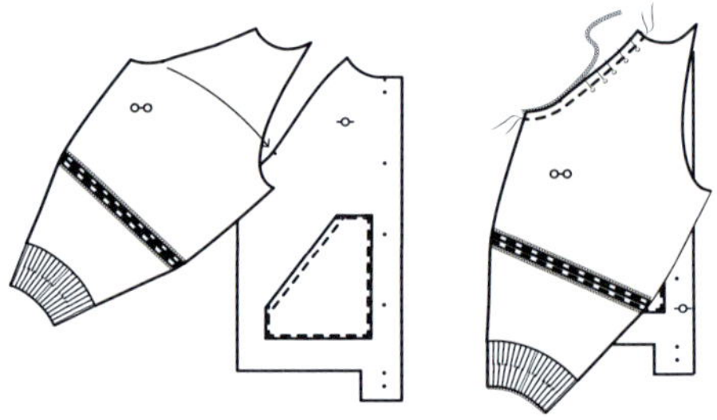

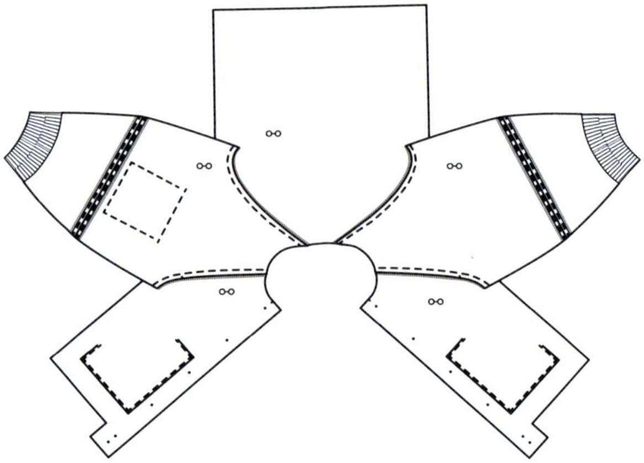

9. Coutures latérales

Épingler, puis piquer les côtés du vêtement en une fois, endroit contre endroit. Commencer la couture par le poignet et finir en bas du vêtement. Surjeter les VC.

Retourner les poignets vers l'envers de la manche, faire une surpiqûre à 0,7cm de la couture du poignet.

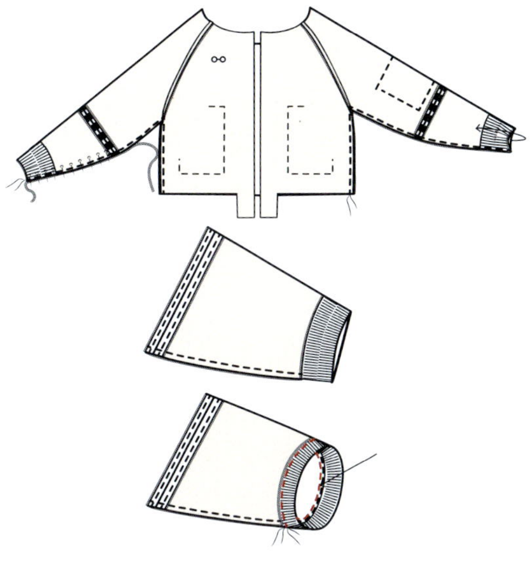

10. Col

Plier le col en son milieu, dans le sens de la longueur, envers contre envers. Épingler avec l'endroit de l'encolure en respectant les repères du milieu devant et en étirant le bord-côte. Piquer l'ensemble.

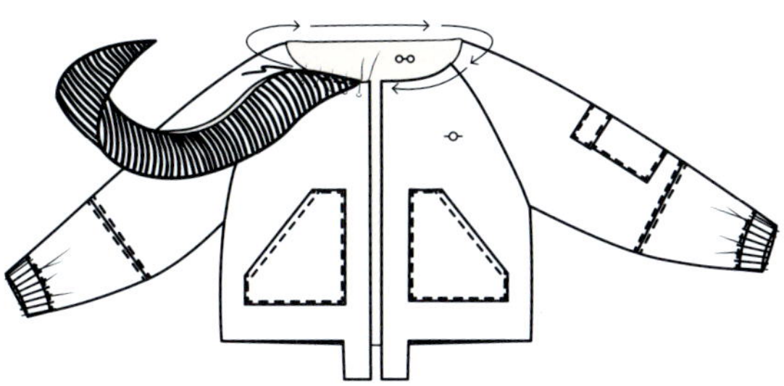

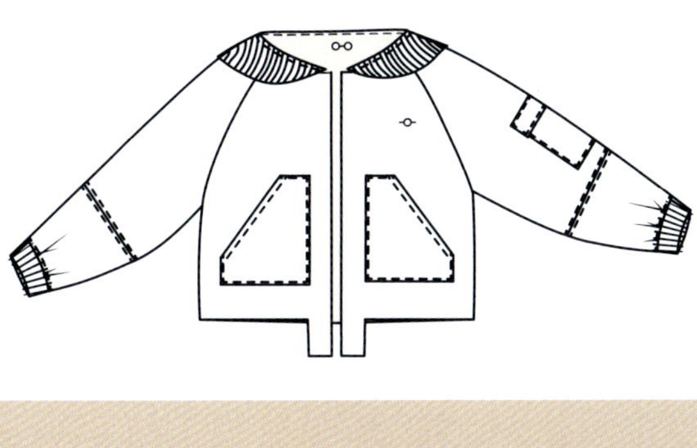

11. Ceinture et vêtement

Plier la ceinture en son milieu, dans le sens de la longueur, envers contre envers. Il faut répartir la ceinture sur la longueur, car elle est plus petite que la longueur de l'ourlet du vêtement. Épingler le bord libre avec l'ourlet du vêtement en débordant de 1cm de chaque côté du vêtement, piquer à 1cm du bord.

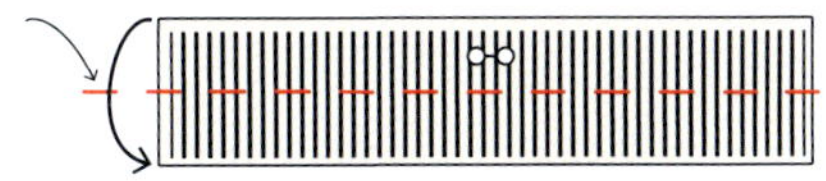

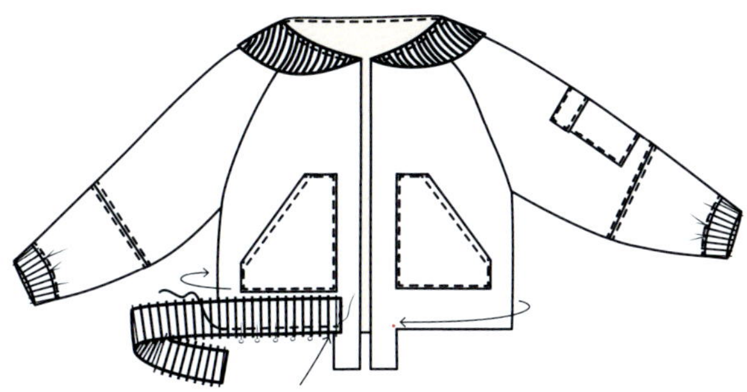

Cranter dans les coins sans couper la couture.

Replier la partie crantée sur l'endroit, épingler le petit côté de la ceinture et le vêtement ensemble, endroit contre endroit, piquer entre le cran et la fin de la ceinture en formant un angle. Retourner sur l'endroit.

Surjeter les VC de la ceinture et du vêtement ensemble. Repasser les VC vers le haut, faire une surpiqûre sur l'endroit du vêtement pour fixer la ceinture (voir schéma p. 66).

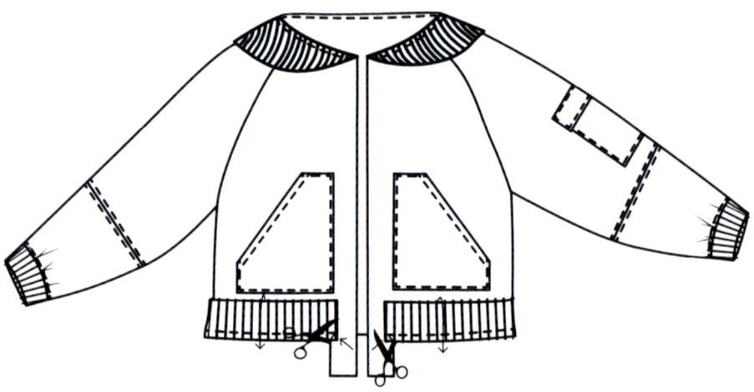

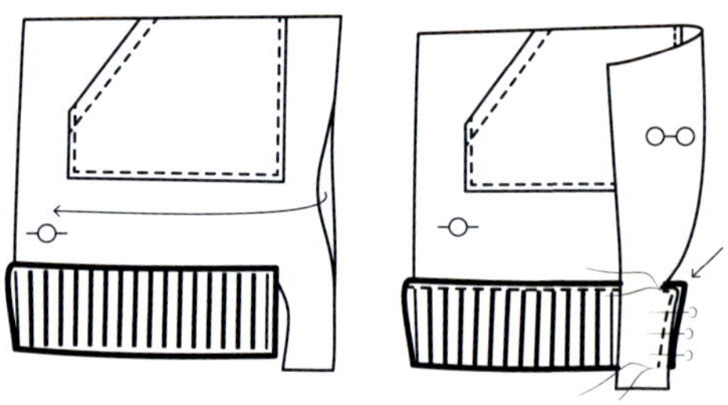

12. Parementures dos et devant

Thermocoller les parementures du dos et du devant.

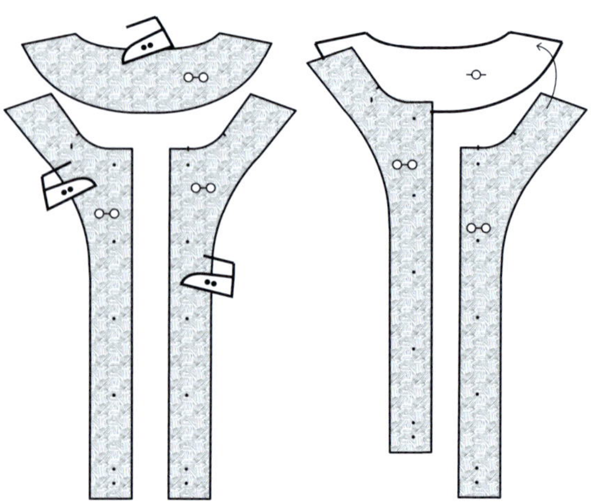

Surjeter les coutures d'épaule de la parementure dos et devant.

Épingler, puis piquer les coutures d'épaule de la parmenture dos et devant ensemble, endroit contre endroit.

Écraser les coutures au fer. Surjeter le pourtour extérieur de la parementure.

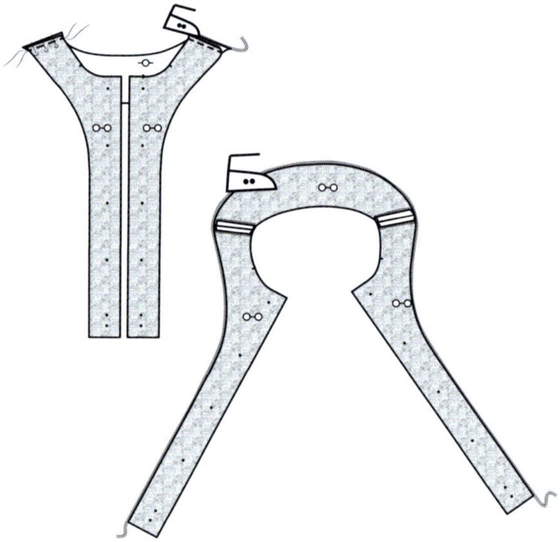

13. Parementures et vêtement

Épingler l'endroit de la parementure à l'endroit du vêtement. Piquer en commençant par le dos et en finissant en bas, près de la ceinture.

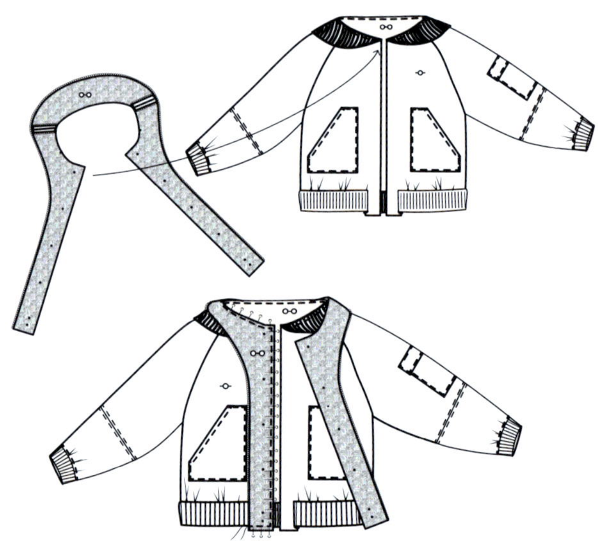

Évider les coins de l'encolure et de la ceinture.

Retourner le vêtement sur l'endroit. Surpiquer l'encolure sur l'endroit à 0,5cm du bord pour fixer le col et le vêtement ensemble. Surpiquer la partie basse de la parementure pour la fixer au vêtement.

Placer les boutons-pression.

Pour finir, repasser le vêtement.

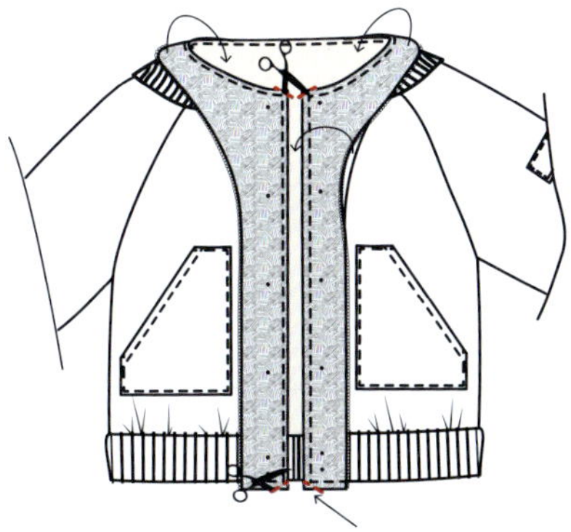

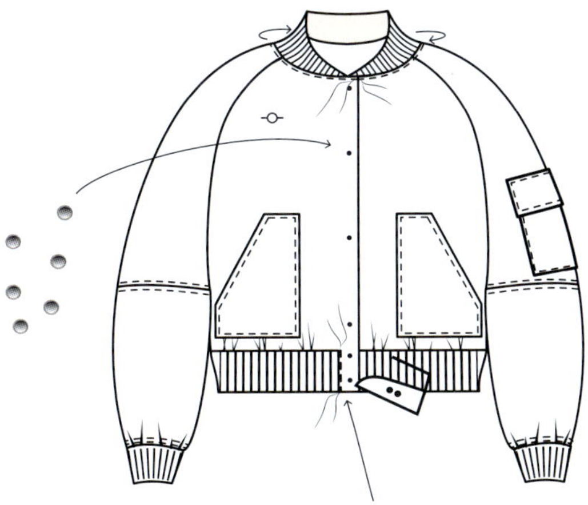

Patron
planche
A1

Le pantalon Vlas

Pantalon cargo avec une patte de boutonnage en biais sur le devant. Deux poches plaquées sur le devant et une poche avec son rabat sur la jambe droite. Les ourlets du pantalon sont finis par des bandes avec deux élastiques. Les passants à la taille sont larges, pour accentuer l'esprit militaire. Ce pantalon sera parfait avec un tee-shirt près du corps et des sneakers ou encore avec un chemisier ample et des bottines à lacets.

Difficulté : 2/5

Tailles : 34-44
Le modèle proposé est prévu pour une stature de 162-168cm pour toutes les tailles.

Fournitures

- Pour un tissu en laize de 140cm

Tailles	34-44
Métrage	180cm

- Thermocollant : 100cm de long, en laize de 90cm (Vlieseline H 200)
- 4 boutons à pied de 16mm de diamètre
- Élastique : 3cm de large et 120cm de long
- Fils à coudre et à surjeter

Quelle matière choisir ?
Sergé de coton, flanelle de laine, chino, denim, simili cuir, gabardine de coton, velours.

Guide des tailles

Taille	34	36	38	40	42	44
Tour de taille	60	64	68	72	76	80
Tour de hanches	88	92	96	100	104	108

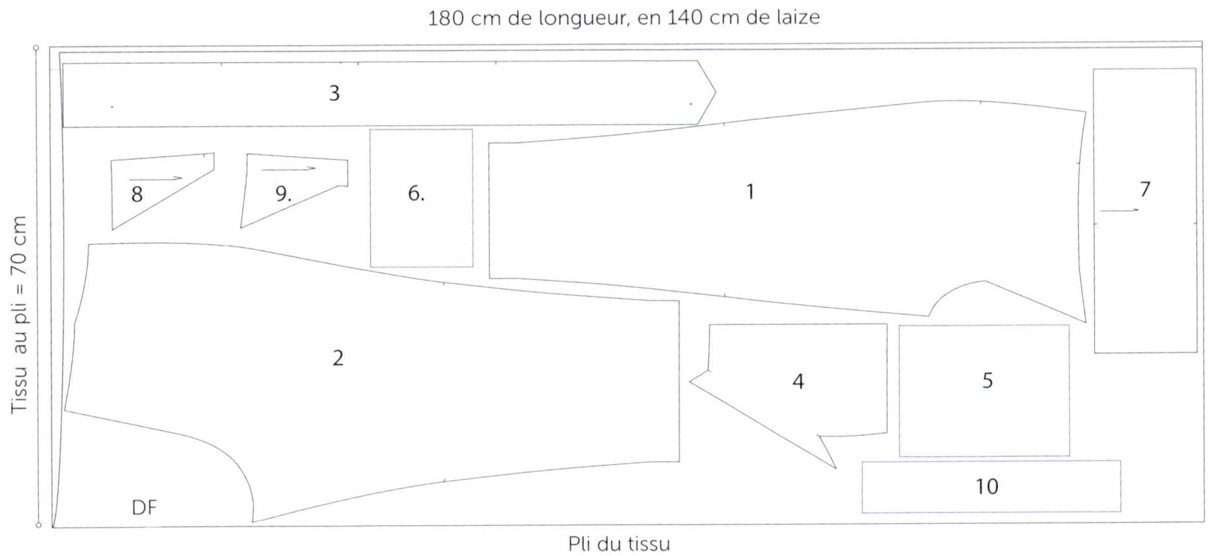

Plan de coupe

Toutes les valeurs de couture sont incluses et sont de 1cm.

1. Devant x 2
2. Dos x 2
3. Ceinture x 1
4. Poche biseautée x 2
5. Poche plaquée x 1
6. Rabat de poche x 1
7. Bande d'ourlet x 2
8. Parementure gauche x 1 (endroit)
9. Parementure droite x 1 (endroit)
10. Passants x 1

Réalisation

Découper toutes les pièces du patron, faire les crans et marquer tous les repères.

Thermocoller les pièces suivantes :

- **3.** Ceinture (1 pièce);
- **4.** Poche biseautée (partie grisée sur le patron).
- **5.** Poche plaquée (partie supérieure et grisée sur le patron);
- **6.** Rabat de poche (1 pièce);
- **8.** Parementure gauche (1 pièce);
- **9.** Parementure droite (1 pièce).

1. Poches biseautées

Thermocoller la partie biseautée de la poche et surjeter le bord. Plier ce bord vers l'envers du tissu, marquer le pli au fer. Piquer sur l'endroit à 1cm du bord. Plier ensuite le côté long à 1cm du bord, puis le côté bas de la poche. Repasser pour fixer les plis.

Faire la même chose avec la seconde poche.

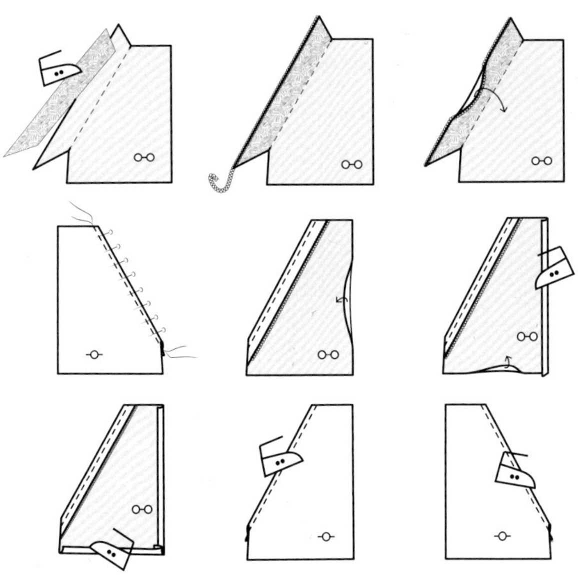

2. Poches biseautées et devants du pantalon

Placer la poche biseautée selon les repères sur l'endroit du devant du pantalon. Piquer le côté long et le côté bas d'abord à 0,2cm, puis à 1cm du bord. Faire la même chose avec la seconde poche.

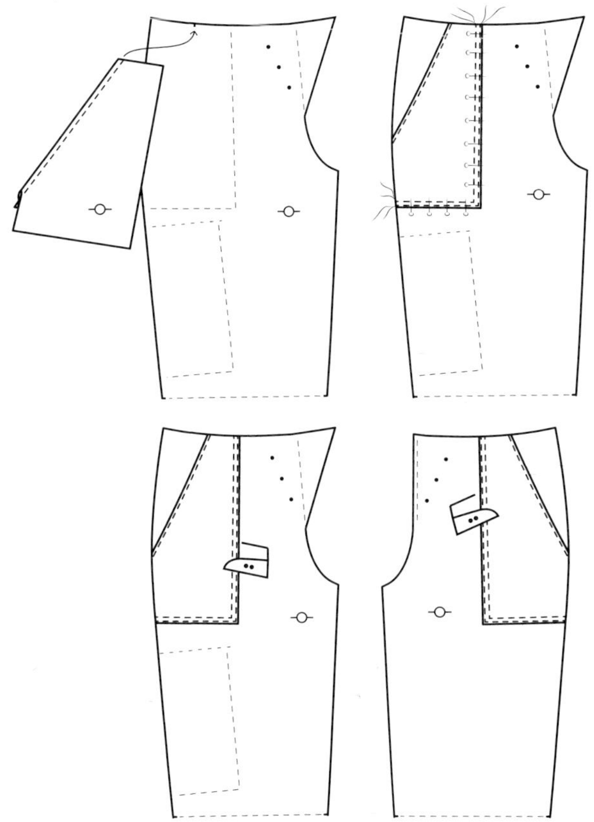

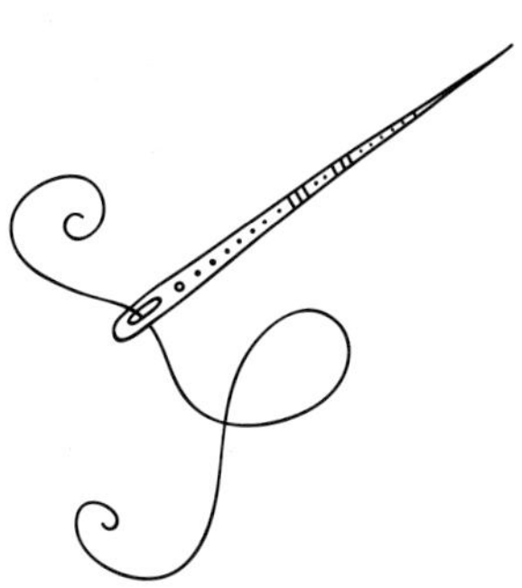

3. Pinces dos

Épingler, puis piquer les pinces du dos. Repasser en couchant les pinces vers le milieu dos.

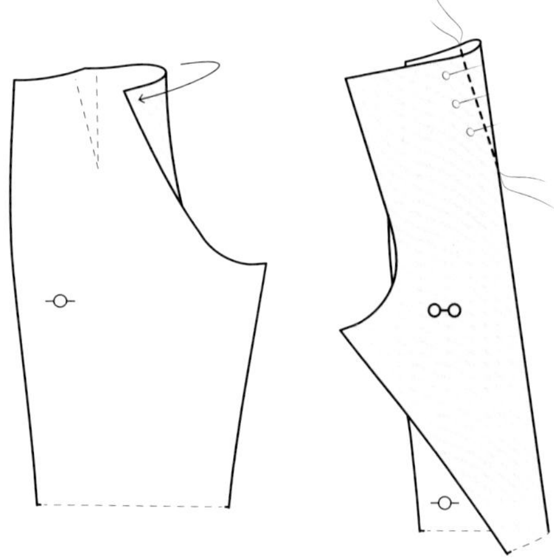

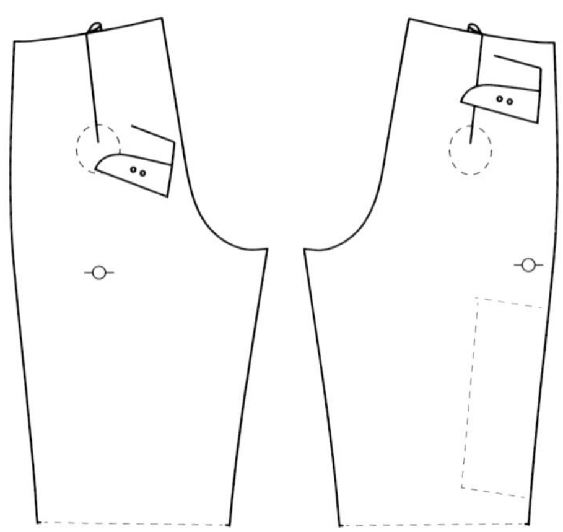

4. Poche plaquée

Thermocoller sur l'envers du tissu la partie supérieure de la poche. Plier les côtés ainsi que le bas de la poche vers l'envers à 1cm du bord, marquer les plis au fer. Plier le haut de la poche de 1cm vers l'envers, puis encore une fois de 3cm. Piquer à 0,2cm du bord supérieur, puis à 2,5cm du bord. Repasser.

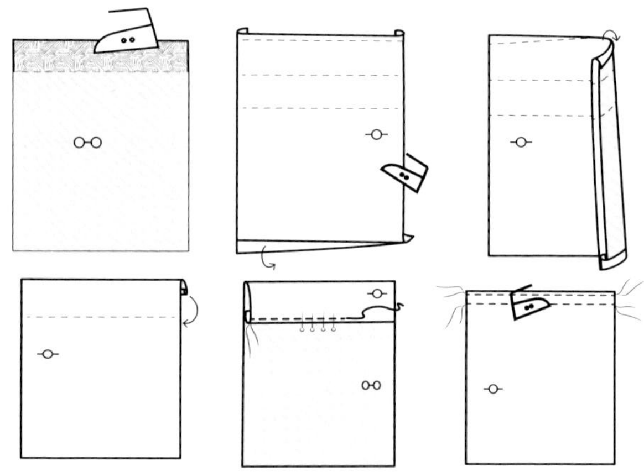

5. Rabat de la poche plaquée

Thermocoller sur l'envers du tissu le rabat de poche. Plier en deux dans le sens de la longueur, endroit à l'intérieur. Piquer les petits côtés, couper les angles et retourner sur l'endroit. Surpiquer les trois côtés du rabat d'abord à 0,2cm du bord, puis à 1cm. Repasser.

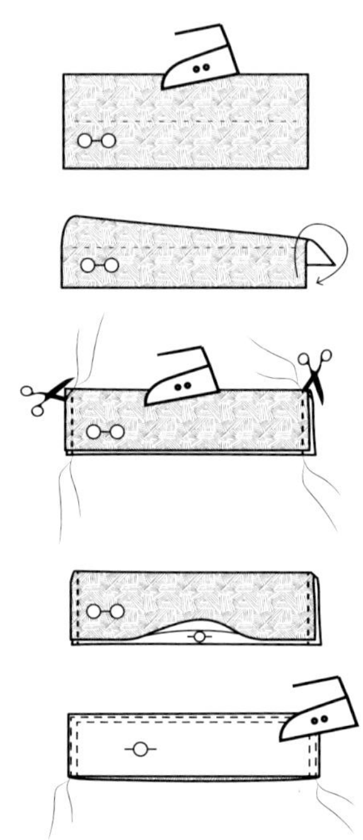

6. Coutures latérales

Surjeter les côtés du dos et du devant. Épingler les côtés du dos et du devant ensemble, endroit contre endroit. Piquer, ouvrir les coutures au fer.

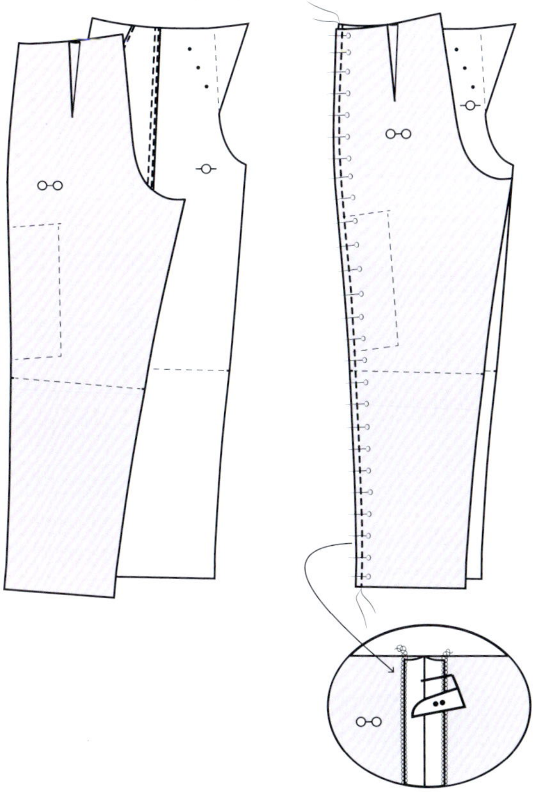

7. Poche plaquée et devant droit

Épingler sur la jambe droite (au porté) du pantalon la poche plaquée selon les repères sur l'endroit du tissu. Piquer sur les trois côtés à 0,2cm du bord, puis à 1cm. Épingler le bord libre du rabat de poche sur le repère. Le rabat est légèrement plus large que la poche. Piquer à 0,5cm du bord libre. Rabattre le rabat vers la poche, piquer à 1cm du bord supérieur. Repasser.

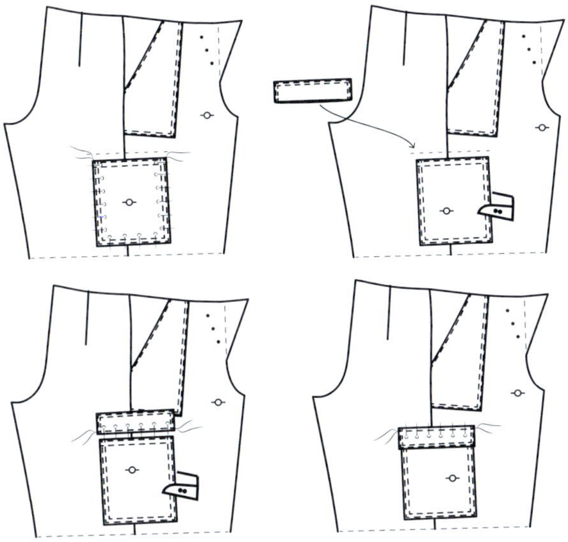

8. Parementures gauche et droite

Thermocoller les parementures sur l'envers du tissu. Surjeter les côtés de parementures comme sur le schéma. Surjeter également les VC du milieu devant.

Attention! Le devant gauche (au porté) du pantalon doit être coupé au niveau du milieu devant, comme indiqué sur le patron.

Épingler la parementure gauche au devant gauche et la parementure droite au devant droit, endroit contre endroit. Piquer, rabattre les parementures et repasser en couchant les VC vers les parementures. Piquer la parementure dessus à 0,2cm de la couture faite auparavant.

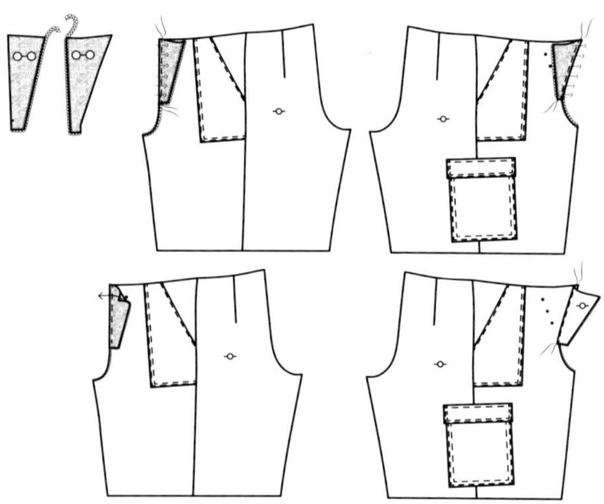

9. Coutures milieu devant

Poser les deux devants ensemble sur la couture milieu, endroit contre endroit. Piquer ensemble la partie milieu devant jusqu'au repère des parementures (la piqûre doit être terminée 1cm plus haut que le bord des parementures).

Rabattre la parementure droite complètement vers l'envers du vêtement, alors que la parementure gauche sera rabattue de façon à laisser 1cm sur le devant (voir le schéma).

Faire un point de fixation sur l'endroit du devant pour fixer les parementures et le vêtement ensemble.

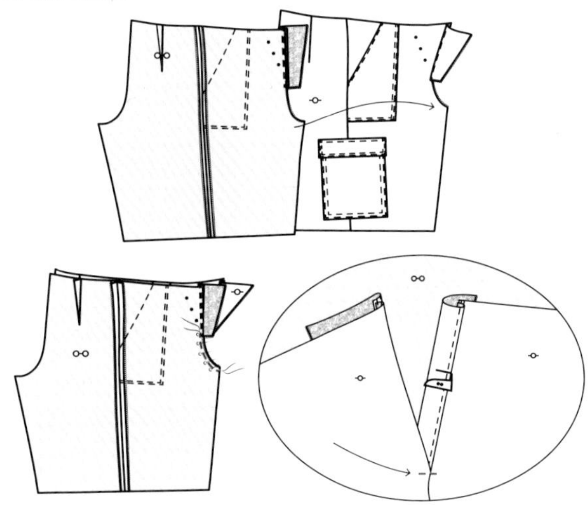

10. Coutures dos

Surjeter les VC du dos séparément. Épingler, puis piquer la couture dos, endroit à l'intérieur. Ouvrir les coutures au fer.

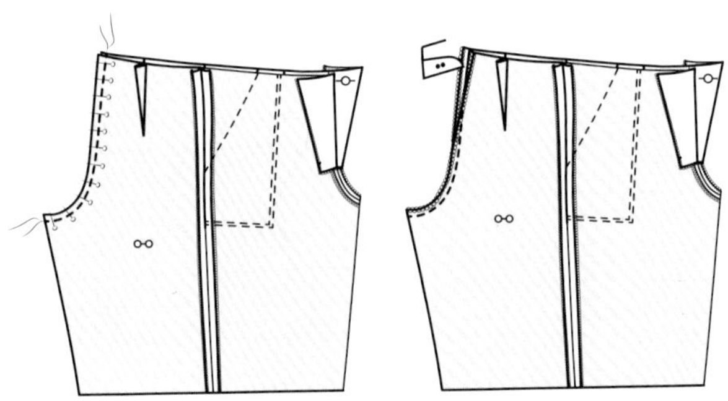

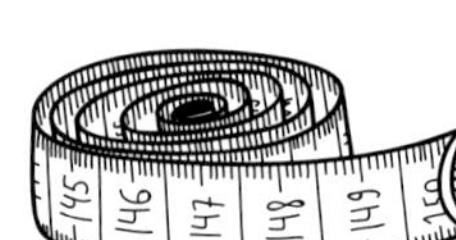

11. Couture interne des jambes

Épingler, puis piquer la couture interne des jambes, endroit contre endroit. Surjeter les VC ensemble.

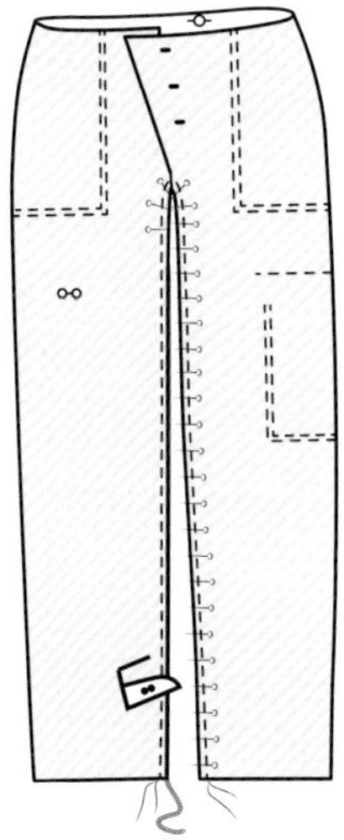

12. Bandes d'ourlet

Marquer les lignes de couture au point de bâti. Épingler les petits côtés ensemble, endroit contre endroit. Piquer à trois reprises comme sur le schéma, en laissant deux parties non cousues de 2,5cm. Les parties non cousues serviront ensuite à insérer les élastiques.

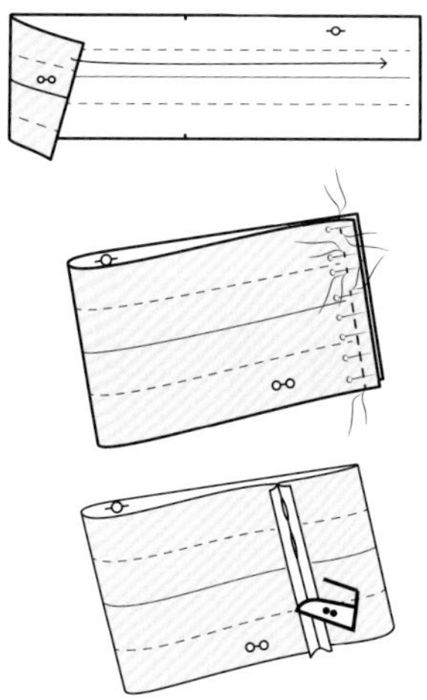

13. Ourlets

Épingler, puis piquer les bandes d'ourlet aux ourlets du pantalon, endroit contre endroit. Aligner les VC des bandes à celles du pantalon. Rabattre les bandes vers le bas, repasser les valeurs de couture vers les bandes.

Replier la bande en son milieu vers le haut sur l'endroit du pantalon, plier les VC de 1cm vers l'envers. Piquer la bande et le pantalon à 0,2mm du bord supérieur. Piquer également la bande sur la ligne marquée auparavant. Insérer deux élastiques dans chaque bande. Les coudre pour former les boucles. Coudre les ouvertures à la main.

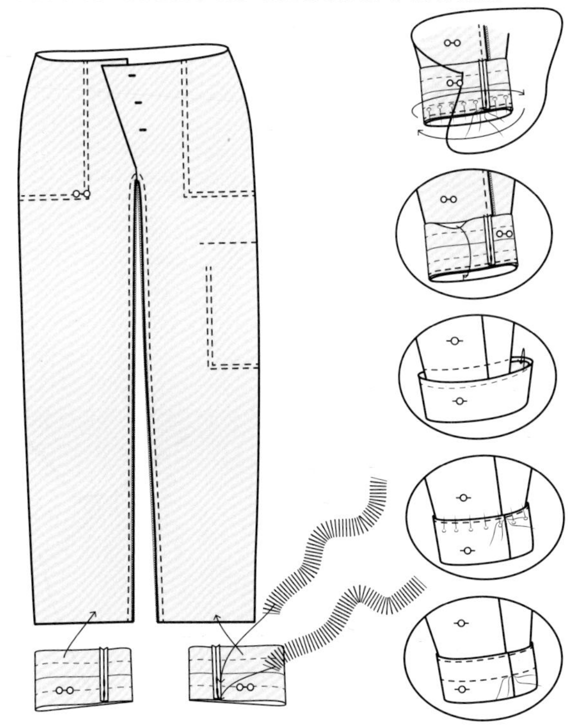

14. Passants

Plier les côtés longs de la bande de passants à 1cm du bord vers l'envers du tissu. Plier la bande en son milieu, dans le sens de la longueur, envers contre envers. Piquer les deux côtés longs à 0,2cm du bord.

Couper la bande en 5 parties égales.

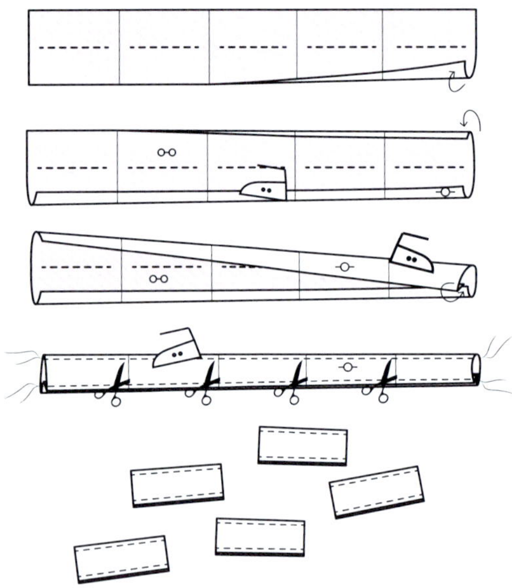

14. Ceinture et passants

Thermocoller l'envers de la ceinture. Épingler les passants à la taille du pantalon, piquer à 0,5cm du bord. Épingler la ceinture à la taille du pantalon, endroit contre endroit, en faisant déborder la ceinture de 1cm aux extrémités. Piquer sur le pourtour à 1cm du bord.

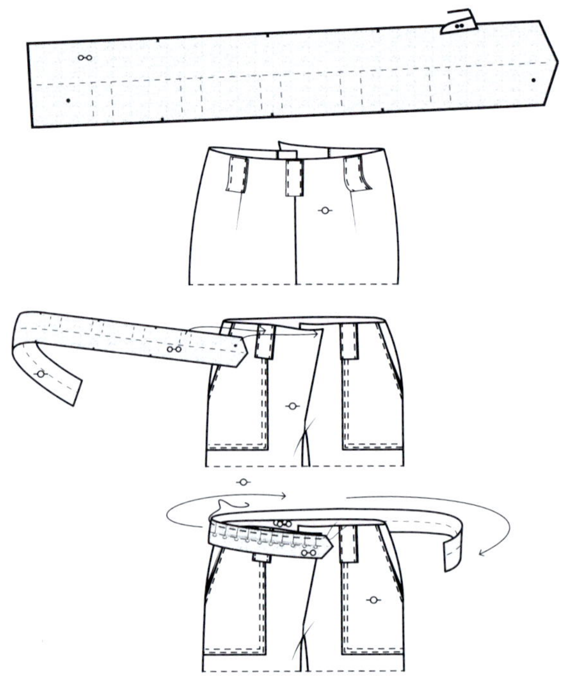

15. Ceinture

Plier 1cm sur le bord libre de la ceinture vers l'envers, piquer les petits côtés ensemble, endroit contre endroit. Évider les angles, retourner la ceinture sur l'endroit. Épingler la ceinture et la taille du pantalon ensemble, piquer sur l'endroit dans la couture faite auparavant.

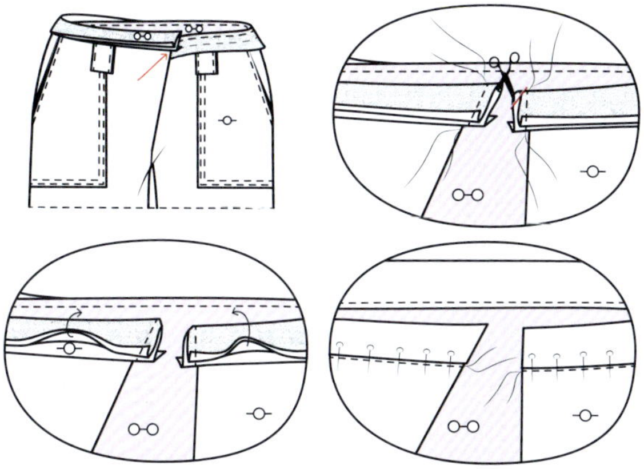

16. Passants, boutonnières et boutons

Replier le haut du passant vers l'envers, sur 0,5cm épingler au bord supérieur de la ceinture et piquer à 0,2cm du bord. Surpiquer le passant sur sa partie basse à 0,2cm. Faire la même chose avec les autres passants.

Faire les boutonnières sur le devant droit du pantalon et coudre les boutons sur la partie du devant gauche. Pour finir, repasser le vêtement.

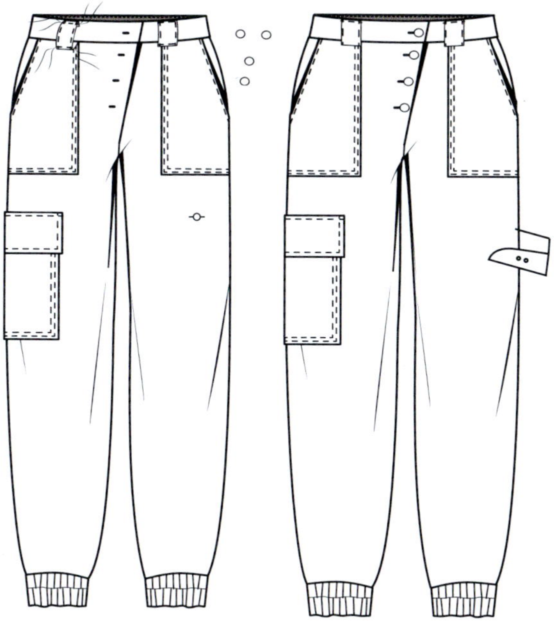

Patron **planche** B2

Le sac banane

Sac banane avec une fermeture à glissière sur le devant et sangle qui se ferme grâce à la boucle. Le sac est doublé.

Difficulté : 2/5

Taille unique
36cm de longueur x 13cm de hauteur

Fournitures
- Tissu principal : 40cm de long en laize de 60cm
- Doublure : 40cm de long, en laize de 60cm
- Thermocollant : 40cm de long, en laize de 90cm (Vlieseline H200)
- Fermeture à glissière : 40cm de long
- Boucle pour sac : 1 pièce de 4cm
- Sangle : 100cm de long en 3,5cm de large
- Fils à coudre et à surjeter

Quelle matière choisir ?
Tout tissu qui garde sa forme, par exemple : denim, tissus d'ameublement, gabardine, tissus matelassés, simili cuir et bien d'autres

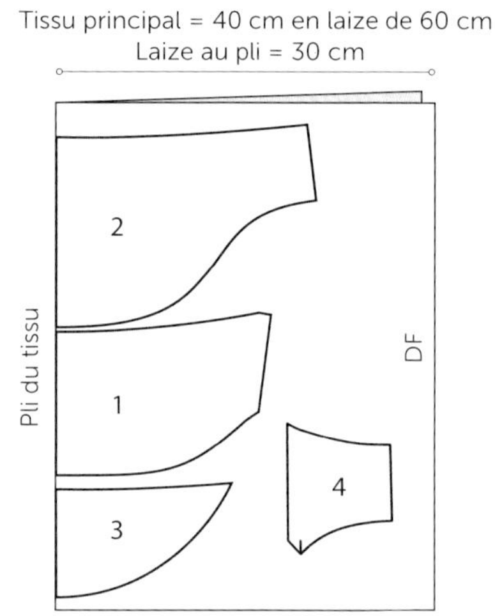

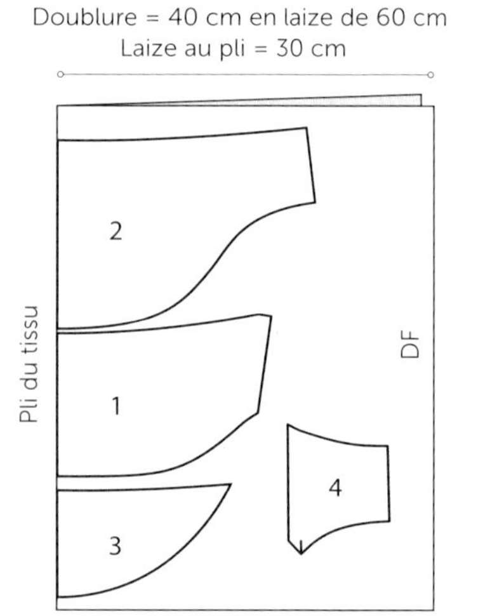

Plan de coupe

Toutes les valeurs de couture sont incluses et sont de 1cm.

1. Devant x 1 tissu au pli + x 1 doublure au pli
2. Dos x 1 tissu au pli + x 1 doublure au pli
3. Dessus x 1 tissu au pli + x 1 doublure au pli
4. Côté x 2 tissu + x 2 doublure

Réalisation

Découper et thermocoller toutes les pièces en tissu principal du patron, faire les crans et marquer tous les repères.

1. Fermeture à glissière et devant

Piquer la fàg et la partie haute du devant, endroit contre endroit à 0,7cm du bord.

Poser la doublure sur le devant, endroit contre endroit, piquer l'ensemble à 1cm du bord supérieur.

Rabattre la doublure vers l'envers du devant, surpiquer l'ensemble sur l'endroit du tissu à 0,2cm du bord.

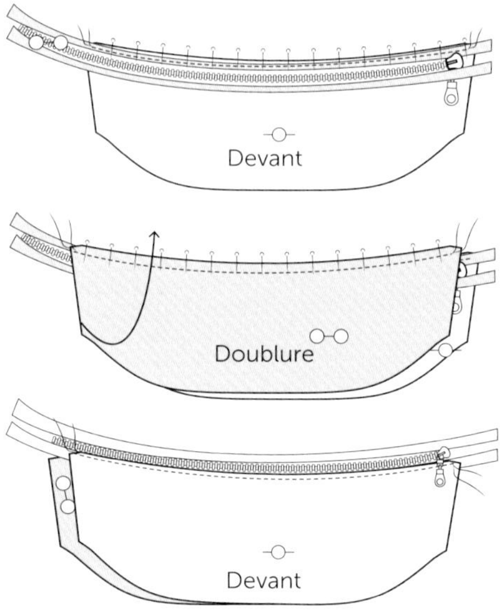

2. Côtés et devant

Aligner la partie basse du côté avec le côté du devant. Piquer à 0,7cm du bord le côté et le devant ensemble, endroit contre endroit en cousant sur la fàg fermée. Faire la même chose avec le second côté.

Piquer la doublure côté avec le côté du devant, endroit contre endroit. Faire la même chose avec le second côté.

Rabattre le côté et sa doublure vers l'extérieur, surpiquer sur l'endroit l'ensemble à 0,2cm de la couture.

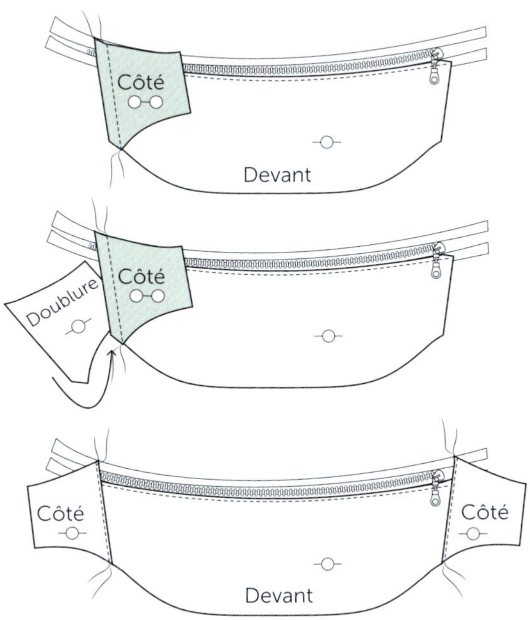

3. Fermeture à glissière et dessus

Couper les parties de la fàg qui dépassent entre le devant et les côtés. Piquer la fàg du devant et le dessus (partie arrondie) ensemble, endroit contre endroit.

Piquer ensuite la doublure du dessus avec le dessus, endroit contre endroit. Cranter dans l'arrondi.

Retourner l'ensemble sur l'endroit. Surpiquer à 0,2cm de la couture la partie dessus. Fermer la fàg.

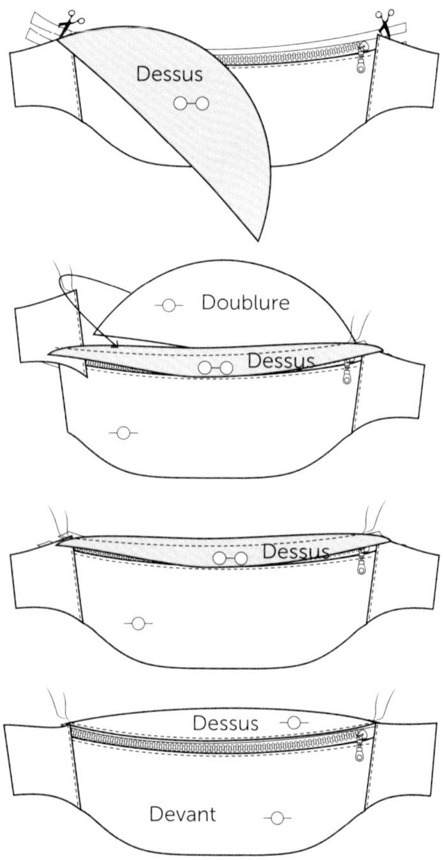

4. Dos et dessus

Piquer le dos et la partie non cousue du dessus ensemble, endroit contre endroit à 0,7cm du bord. Épingler, puis piquer à 1cm du bord le dos et la doublure du dos en la mettant en dessous, endroit contre endroit.

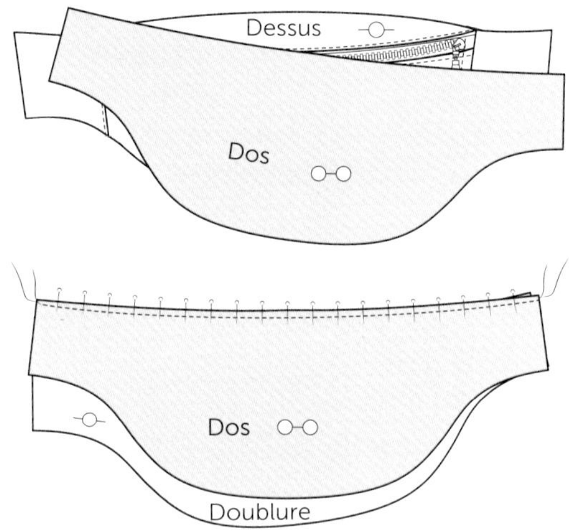

5. Sangle et boucle

Préparer la sangle et la boucle. Couper la sangle en deux morceaux, un de 30cm et l'autre de 70cm. Fixer les différentes parties de boucle aux extrémités de la sangle.

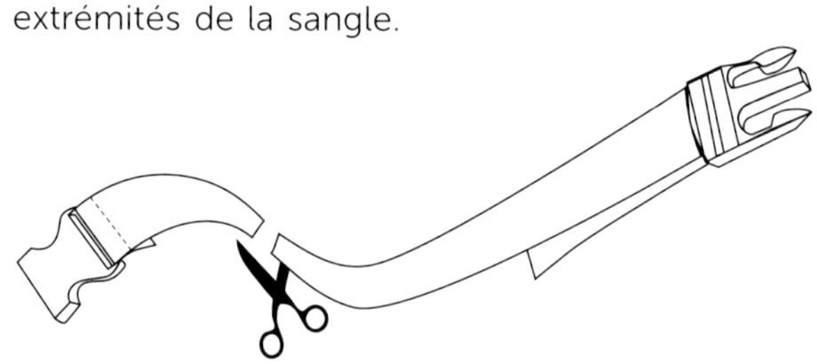

6. Sangle et devant

Fixer la sangle sur le devant du sac, près de la couture, côté court de la sangle à gauche, et côté long à droite (comme sur le schéma). Bien mettre la sangle à l'intérieur du sac. Important : laisser la fàg légèrement ouverte.

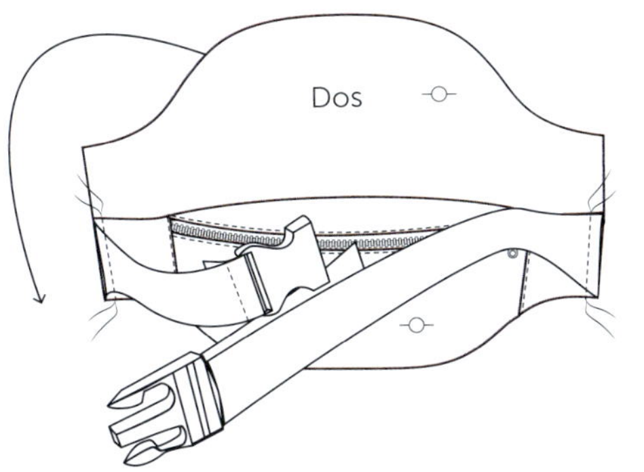

7. Couture dos et devant

Refermer les sangles dans le sac, en rabattant le dos sur le devant. Épingler, puis piquer la partie basse du dos, du devant ainsi que les doublures ensemble, endroit à l'intérieur.

Piquer en laissant 10cm non cousus au milieu.

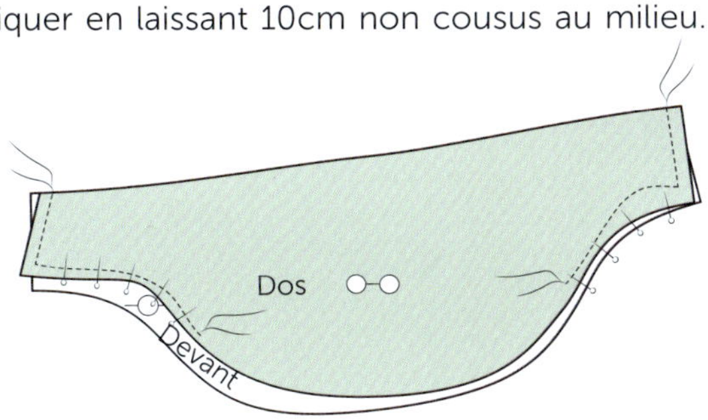

Piquer la partie centrale du dos et du devant en tissu principal à 1cm du bord. Couper les angles, cranter la partie arrondie. Retourner tout le sac par l'ouverture laissée dans la doublure.

Coudre l'ouverture à la main avec des points invisibles.

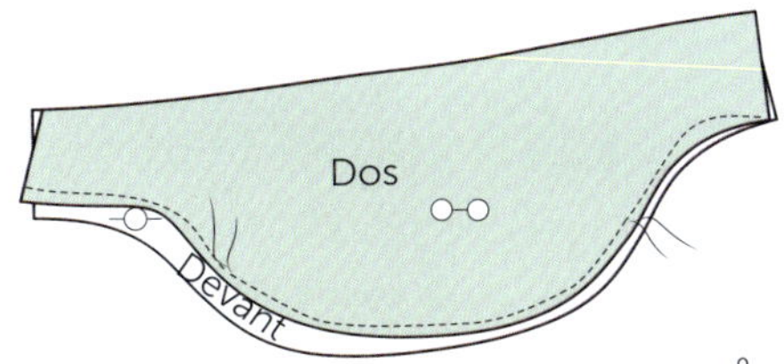

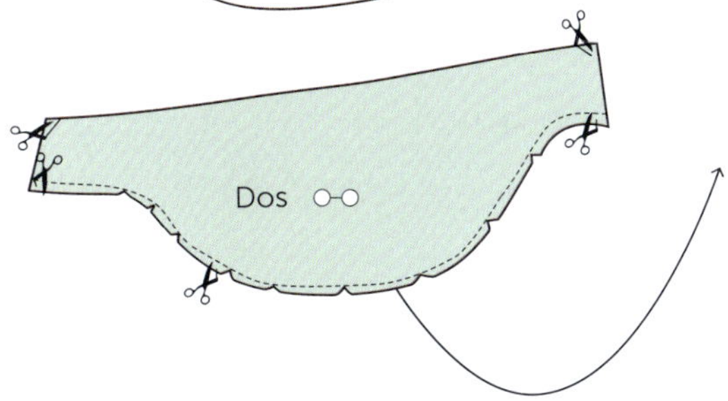

Patron
planche
B2

La robe Diana

Robe-chemise avec poches plaquées et poches dans les coutures. Un empiècement au dos permet l'insertion d'un pli pour plus d'aisance. Elle peut être nouée grâce à une ceinture à la taille. Les côtés de la robe sont terminés par des fentes. Vous avez le choix entre deux longueurs de manches et une multitude de variantes à faire selon le tissu choisi. Diana peut être une jolie robe d'été, un léger manteau d'automne voire d'hiver.

Difficulté : 3/5

Tailles : 36-48

Longueur du vêtement fini

Pour la taille 36 : longueur milieu dos 98cm

Fournitures

- Pour un tissu en laize de 140cm

	Tailles	
	36-42	44-48
Robe manches longues	260cm	300cm
Robe manches courtes	250cm	270cm

- Thermocollant : 120cm de long, en laize de 90cm (Vlieseline H180)
- Ruban de droit-fil pour les entrées de poches (Vlieseline Formband T12)
- 11 boutons de 12mm de diamètre
- Fils à coudre et à surjeter

Quelle matière choisir ?

Coton, viscose, twill de coton, lin, denim, chambray, sergé de coton, chino, laine, laine bouillie, flanelle.

Guide des tailles

Pour une stature de 165cm

Taille	36	38	40	42	44	46	48
Tour de poitrine	84	88	92	96	100	104	108
Tour de taille	64	68	72	76	80	84	89
Tour de hanches	92	96	100	104	108	112	116

Robe manches courtes
Tailles 36-42 → 250 cm de longueur, en laize de 140 cm

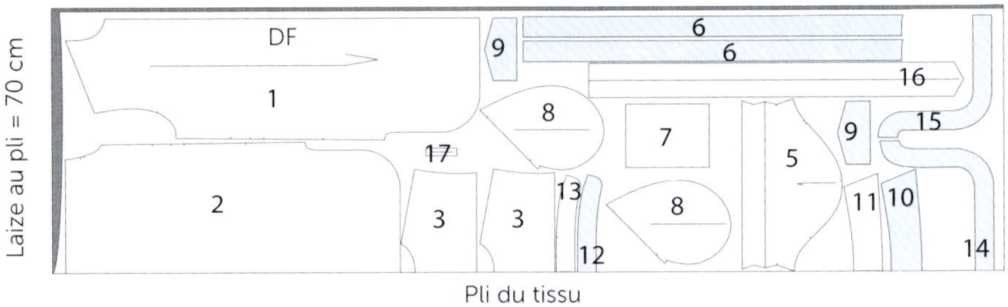

Robe manches longues
Tailles 36-42 → 260 cm de longueur, en laize de 140 cm

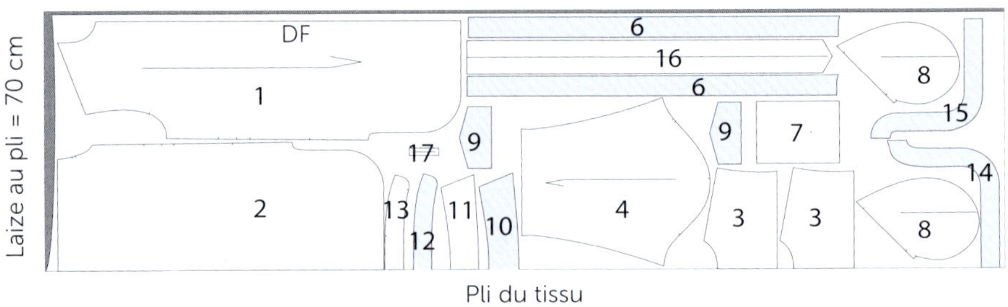

Robe manches courtes
Tailles 44-48 → 270 cm de longueur, en laize de 140 cm

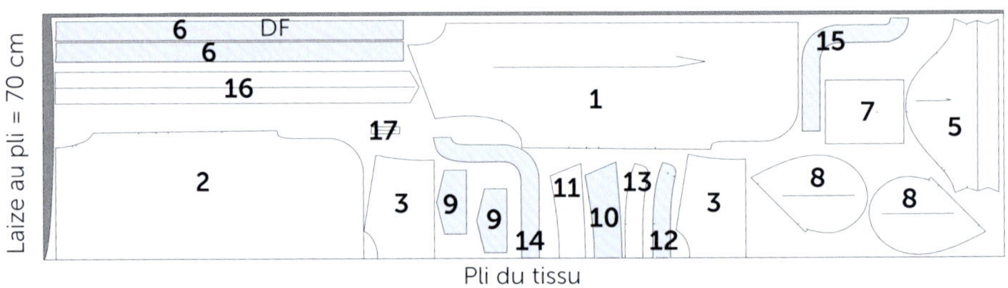

Robe manches longues
Tailles 44-48 → 300 cm de longueur, en laize de 140 cm

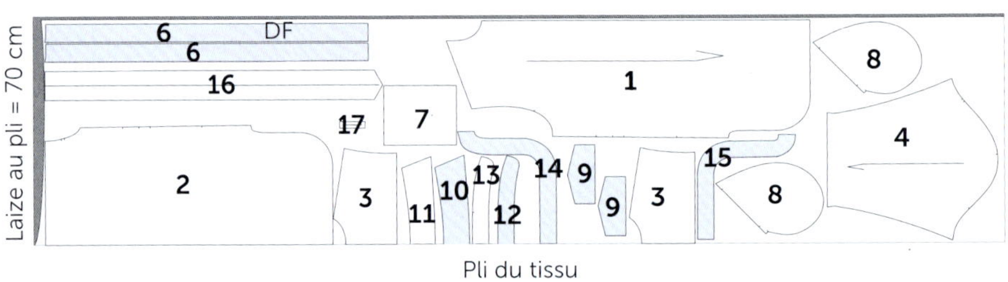

Plan de coupe

Toutes les valeurs de couture sont incluses : l'ourlet des manches est de 3cm. Toutes les autres valeurs de couture sont de 1cm.

1. Devant x 2
2. Dos x 1 au pli
3. Empiècement dos x 2 au pli
4. Manche longue x 2

ou

5. Manche courte x 2
6. Patte de boutonnage x 4
7. Poche plaquée x 2
8. Poche dans les coutures x 4
9. Rabat de poche x 4
10. Col haut x 1 au pli
11. Col bas x 1 au pli
12. Pied de col haut x 1
13. Pied de col bas x 1
14. Parementure dos x 1 au pli
15. Parementure devant x 2
16. Ceinture x 2
17. Passants x 2

Réalisation

Découper toutes les pièces du patron, faire les crans et marquer tous les repères.

Thermocoller les pièces suivantes (ces pièces sont également représentées en bleu sur le plan de coupe) :

- **6.** Patte de boutonnage (4 pièces)
- **9.** Rabat de poche (4 pièces)
- **10.** Col haut (1 pièce au pli)
- **12.** Pied de col haut (1 pièce au pli)
- **14.** Parementure dos (1 pièce au pli)
- **15.** Parementure devant (2 pièces)

Mettre le ruban de DF aux emplacements des entrées de poches côtés.

1. Poches plaquées

Surjeter le petit côté haut des poches. Plier la partie haute vers l'envers. Épingler, puis piquer sur le bord surjeté. Repasser.

Faire une surpiqûre sur l'endroit de la poche à 2mm du bord haut. Plier les côtés de la poche vers l'envers, faufiler. Plier le bas de la poche vers l'envers aussi, faufiler. Repasser.

Épingler les deux parties du rabat de poche ensemble, endroit contre endroit. Piquer sur trois côtés. Couper les coins, retourner sur l'endroit. Faufiler le contour du rabat de poche. Surpiquer le rabat à 2mm, puis à 1cm du bord sur les trois côtés. Faire la boutonnière.

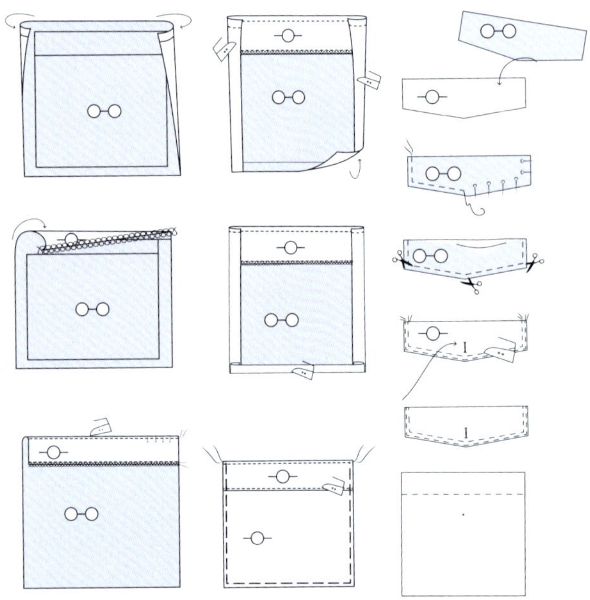

Épingler la poche sur le devant du vêtement suivant les repères. Faufiler, piquer à 2mm du bord sur les trois côtés, puis à 1cm du bord (toujours sur les trois côtés).

Coudre le rabat de poche à l'emplacement prévu sur le devant du vêtement. Piquer le rabat au vêtement à 5mm du bord endroit à l'intérieur. Plier le rabat vers le bas, piquer à 1cm du bord supérieur.

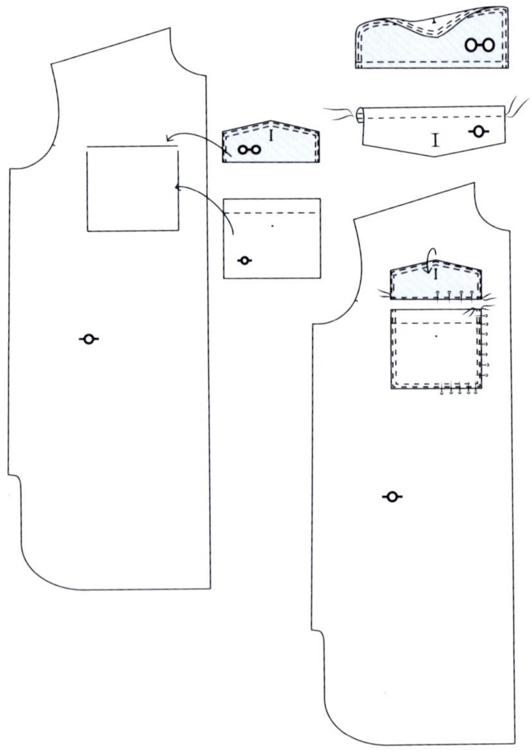

2. Patte de boutonnage

Épingler les 2 parties de la patte de boutonnage sur le côté long et le côté court, endroit contre endroit. Piquer, écraser les coutures au fer. Retourner la patte sur l'endroit. Faire un pli de 1cm et le marquer au fer sur la partie qui sera cousue avec l'envers du devant.

Épingler la patte sur le devant (partie non pliée), endroit contre endroit. Piquer à 1cm du bord. Repasser en couchant les coutures vers la patte.

Replier le bord inférieur de la patte sur elle-même, endroit contre endroit. Piquer entre les deux coutures à 1cm du bord.

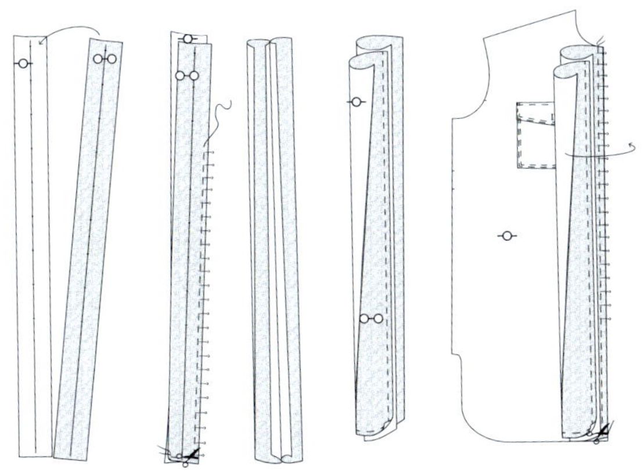

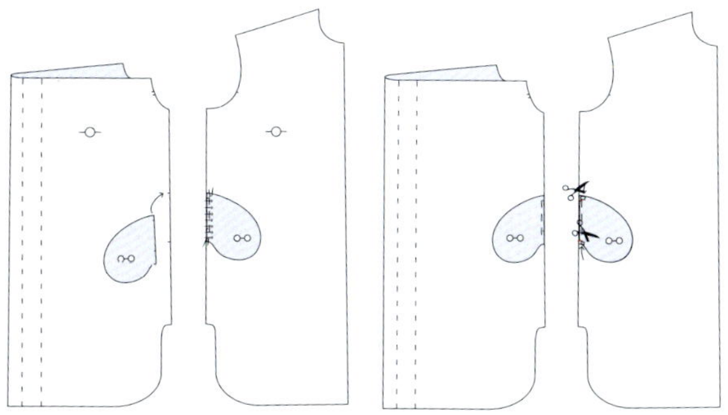

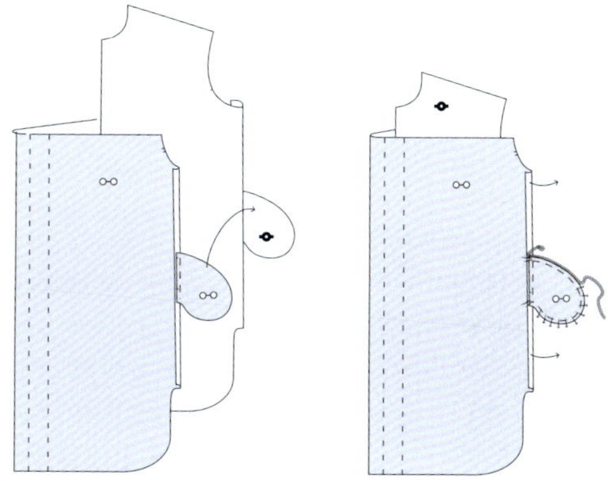

3. Poches dans les coutures

Piquer les poches avec le dos et le devant (entre les repères), endroit contre endroit. Faire des crans sur la partie de la poche cousue avec le devant. Piquer les deux parties de la poche ensemble, endroit contre endroit. Surjeter.

Piquer les coutures côtés en deux étapes : couture sous le bras jusqu'à la poche, puis du bas de la poche jusqu'au repère de la fente.

Surjeter les coutures côtés du dos en prenant les coutures de la poche, puis surjeter les coutures côtés du devant avec les coutures de la poche.

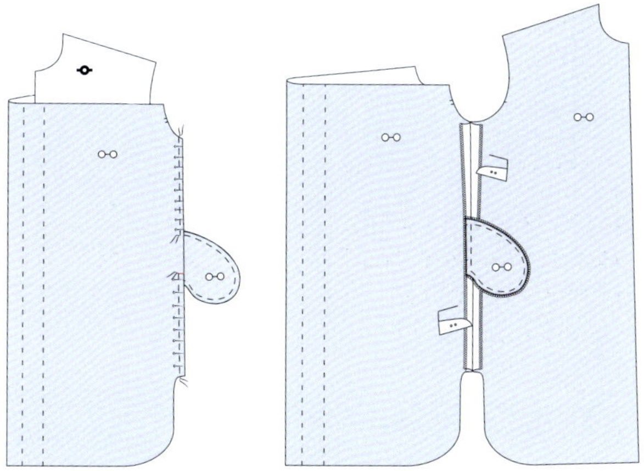

4. Dos et empiècement dos

Former le pli du milieu dos. Piquer le pli à 0,7cm du bord pour le maintenir en place.

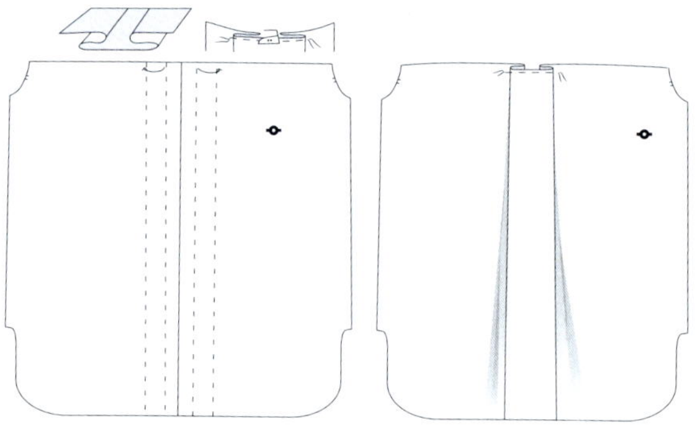

Épingler, puis piquer les deux empiècements au dos du vêtement. Pour cela, poser le dos entre les deux empiècements, endroit contre endroit, piquer. Réduire les coutures. Rabattre les empiècements vers le haut, surpiquer à 1cm de la couture. Repasser.

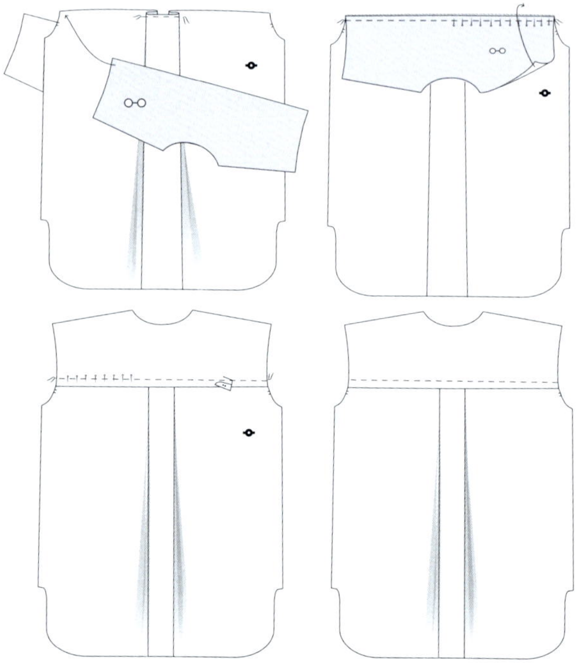

5. Parementures

Piquer les différentes parties de la parementure ensemble sur les petits côtés, endroit contre endroit. Ouvrir les coutures au fer.

Surjeter le côté intérieur des parementures.

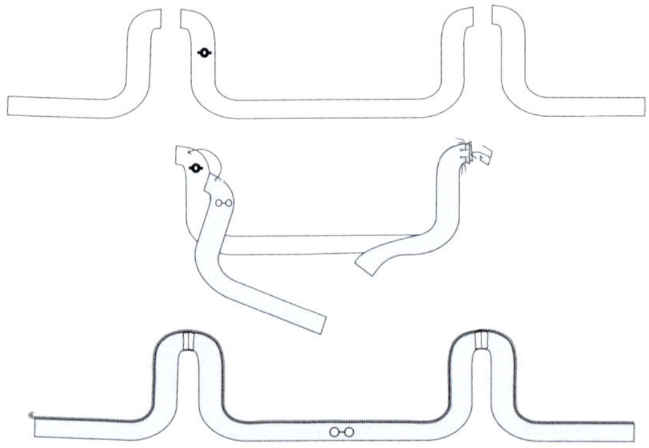

Piquer la parementure avec l'ourlet du vêtement, endroit contre endroit. Réduire les coutures dans les arrondis, ouvrir les coutures au fer, retourner sur l'endroit. Rabattre la patte de boutonnage par-dessus la parementure, faufiler l'ensemble.

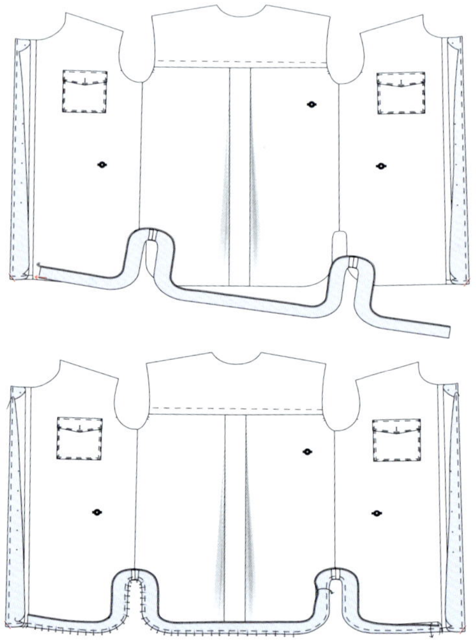

Piquer sur l'endroit du vêtement dans la couture faite auparavant. Surpiquer la patte de boutonnage sur trois côtés sur l'endroit du vêtement à 7mm du bord.

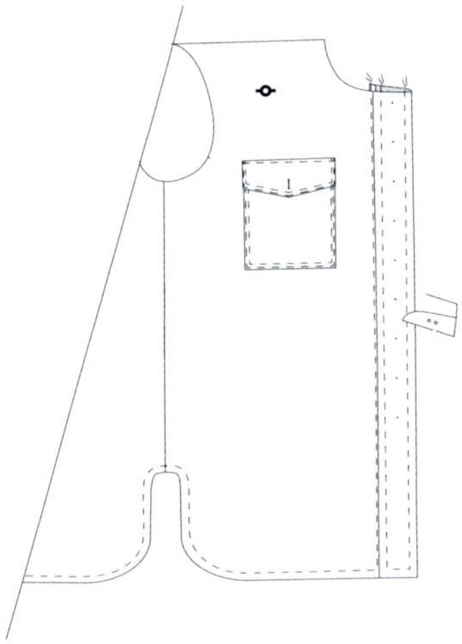

6. Coutures épaules

Épingler couture épaule du devant avec couture épaule des empiècements dos. Pour cela, poser l'endroit du devant contre l'endroit de l'empiècement dos, recouvrir l'ensemble par l'endroit du second empiècement dos, rouler le vêtement entre les deux. Piquer. Faire la même chose avec la seconde partie du devant. De cette façon, toutes les coutures de l'empiècement seront cachées.

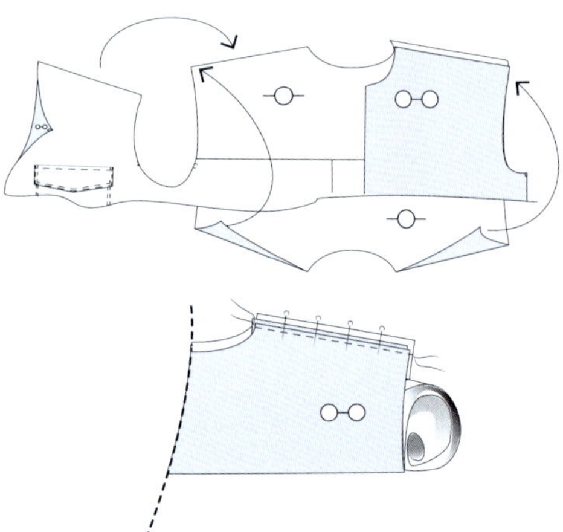

7. Col et pied de col

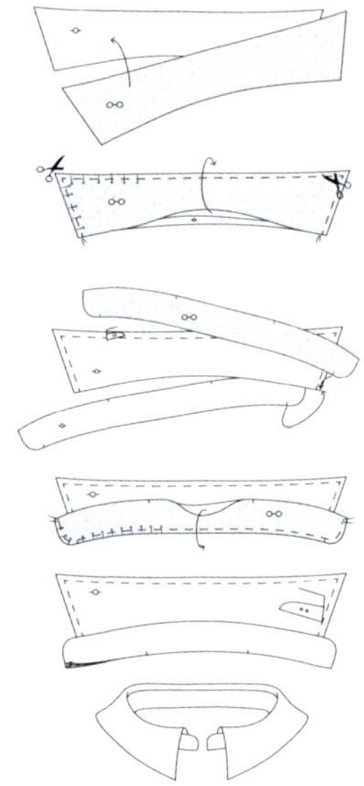

Piquer les cols haut et bas sur trois côtés, endroit contre endroit. Couper les coins, ouvrir les coutures au fer, retourner sur l'endroit. Faufiler en faisant rouler la couture vers le col bas, pour ne pas voir la couture sur le dessus du col. Surpiquer à 1cm du bord sur les trois côtés.

Épingler les 2 pieds de col avec le col en sandwich, en mettant le pied de col bas contre le col bas. Piquer. Couper les VC dans les arrondis. Repasser. Retourner sur l'endroit.

Épingler, faufiler, puis piquer le pied de col haut au vêtement, endroit contre endroit. Repasser. Rabattre le col vers l'envers du vêtement, plier de 1cm les VC du pied de col vers l'envers. Faufiler le pied de col et le vêtement ensemble. Piquer sur l'endroit.

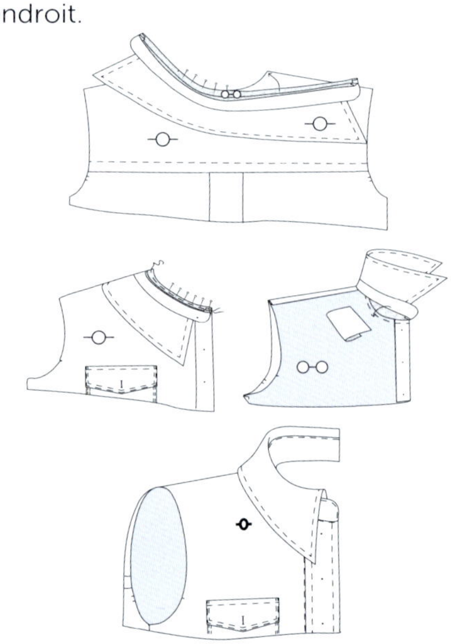

8. Manche longue

Thermocoller l'ourlet de la manche. Surjeter les coutures de la manche sur trois côtés. Épingler, puis piquer les coutures manche, endroit contre endroit. Ouvrir les coutures au fer. Replier l'ourlet de 3cm vers l'envers de la manche. Piquer l'ourlet à 2,5cm du bord.

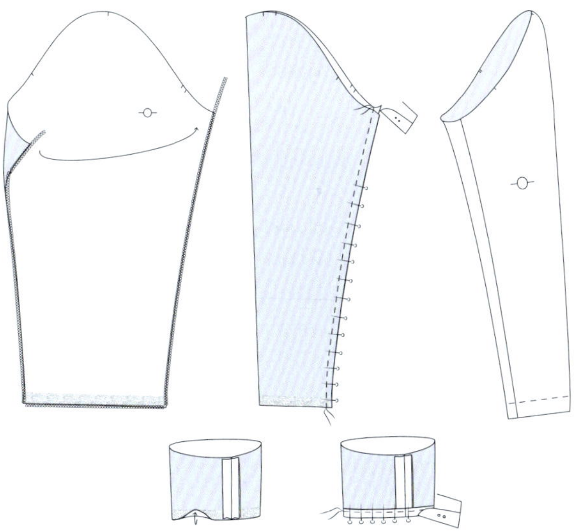

8 bis. Manche courte

Surjeter l'ourlet des manches. Plier le rabat de manche vers l'envers, sur la ligne continue. Épingler, puis piquer à 5mm du bord. Replier vers l'endroit sur la ligne pointillée. Repasser.

Surjeter les coutures côtés de la manche.

Épingler, puis piquer les coutures côtés de la manche, endroit contre endroit. Ouvrir les coutures au fer. Rabattre l'ourlet de la manche vers l'envers. Épingler, puis piquer le pourtour de l'ourlet sur l'endroit dans la couture faite précédemment. Repasser.

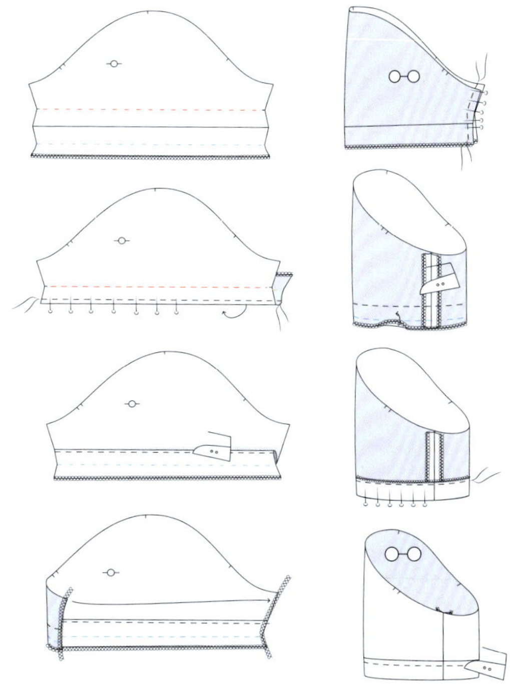

Épingler, puis piquer la manche avec l'emmanchure, endroit contre endroit. Surjeter les coutures ensemble. Repasser.

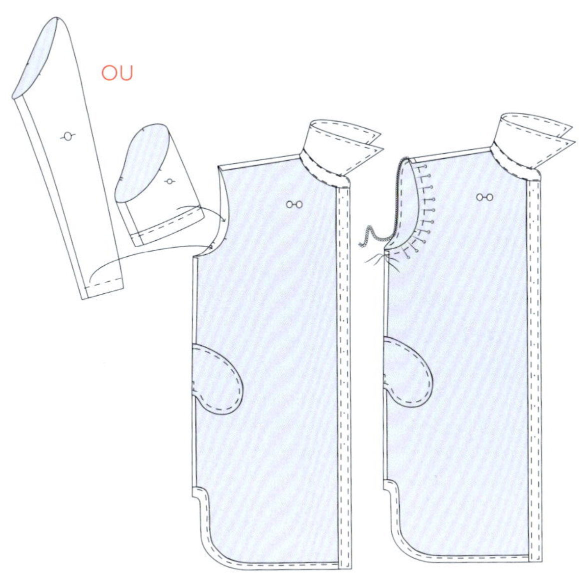

9. Ceinture

Épingler le petit côté de la première partie de la ceinture avec le petit côté de la seconde partie, endroit contre endroit. Piquer à 1cm du bord. Ouvrir les coutures au fer. Plier la ceinture en deux dans le sens de la longueur endroit à l'intérieur. Épingler, piquer sur les trois côtés en laissant une ouverture de 10cm au milieu de la ceinture. Retourner la ceinture sur l'endroit. Surpiquer le pourtour de la ceinture.

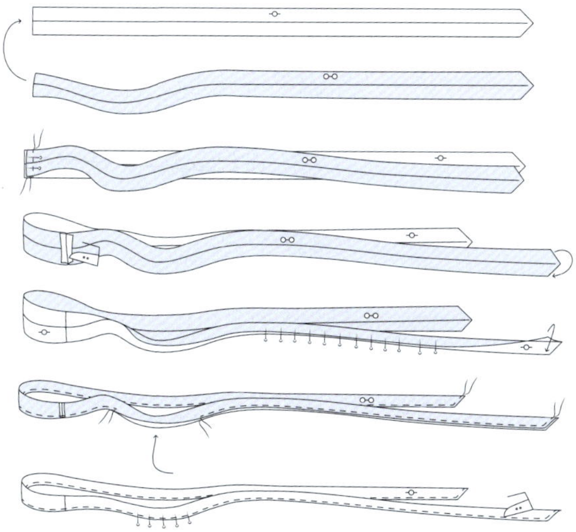

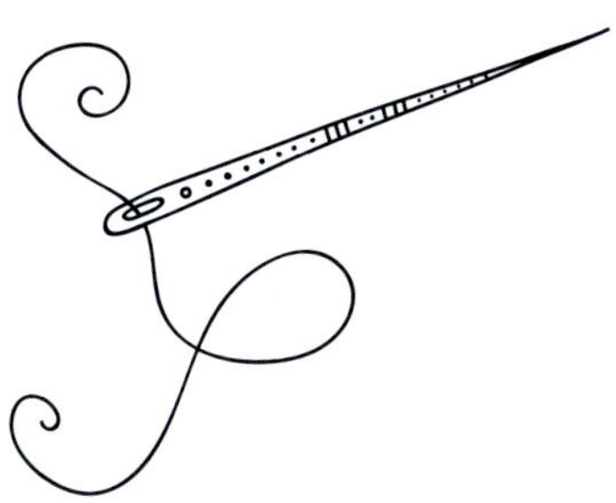

10. Passants

Surjeter un des deux côtés longs. Plier le côté non surjeté vers l'envers à 0,5cm, repasser.

Plier le côté surjeté au-dessus du côté non surjeté. Épingler, puis piquer sur le côté long. Repasser. Fixer les passants au vêtement aux endroits indiqués.

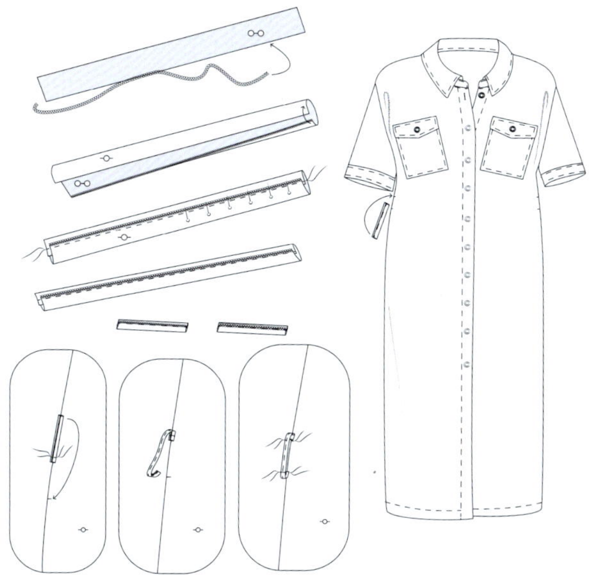

11. Boutonnières et boutons

Coudre les boutonnières et les boutons aux endroits indiqués sur le patron. Espacer les boutonnières en plaçant la première juste en dessous du pied de col.

Direction d'édition : Thierry Lamarre
Édition : Marion Pellé
Création, réalisation et explications : Lenaline Patterns
Photographies : Isabelle Franciosa
Stylisme : Mathilde Bill
Conception graphique, mise en pages et couverture : Nord Compo

Éditions Marie Claire
Publiées par Société d'Information et de Créations - SIC
Une société de Marie Claire Album
10 bd des Frères-Voisin - 92792 Issy-les-Moulineaux CEDEX 9 - France
Tél. 01 41 46 88 88
RCS Nanterre 302 114 509
SARL au capital de 822.000 euros

ISBN : 979-10-323-0634-5
N° Éditeur : 38369
Imprimé par Elcograf S.p.A., Vérone, Italie
Dépôt légal : septembre 2021

www.sotrendoo.com